올 어바웃 베이징

베이징에서 만나는 Stylish 중국어

**올 어바웃 베이징**

지은이 설우진
펴낸이 안용백
펴낸곳 (주)넥서스

초판 1쇄 발행 2009년 3월 5일
초판 6쇄 발행 2016년 3월 20일

출판신고 1992년 4월 3일 제311-2002-2호
04044 서울특별시 마포구 양화로 8길 24
Tel (02)330-5500 Fax (02)330-5555
ISBN 978-89-5795-173-6 13720

# 올 어바웃 베이징

글 · 사진 설우진

# all about Beijing

넥서스 CHINESE

## 특별한 매력이 숨어 있는 그곳, 베이징

반은 설렘, 반은 두려움을 갖고 베이징에서 생활한 지 어느덧 10년이 훌쩍 넘었네요. 양복을 곱게(?) 차려입고 큰 트렁크 가방을 끌고 베이징 공항에 도착했을 때의 첫인상은, 우와! 이건 제가 상상하던 촌스러운(?) 중국의 이미지와 정확히 맞아떨어졌어요.^^ 칙칙한 컬러의 인민복을 입은 사람들, 길거리에 널려 있는 자전거, 마차와 자동차가 나란히 길에 서 있는 모습은 그야말로 촌스럽기 짝이 없었죠. 하지만 그런 촌티 나는 풍경들이 제겐 전혀 낯설지가 않았어요. 느끼한 음식도 입에 착 달라붙을 정도로 맛있게 느껴졌고, 중국어도 하면 할수록 입에 찰싹 감기는 게 이거 전생에 중국 사람이 아니었을까 하는 생각이 들 정도였죠.

한곳에 오래 머물다 보면, 바로 곁에 있는 아름다운 풍경들을 쉽게 놓치는 경우가 많은 것 같아요. 예전에 수련의 과정을 밟았던 몇몇 병원들은 오랜 역사를 가진 골목 안에 자리하고 있었는데, 늘 같은 길을 가다 보니 전혀 관심을 두지 않았거든요. 나중에 그런 유서 깊은 골목들이 하나둘 허물어진 후에야 '한번쯤 사진으로나마 남겨둘걸……' 하는 후회가 들기도 했어요. 지금 베이징은 더 이상 과거의 그런 촌스러운 모습의 도시가 아니에요. 자고 일어나면 새로운 건물들이 들어서고, 그 불편하던 지하철과 좁은 택시와 지저분한 화장실은 온데간데없이 사라졌거든요. 마치 현재를 건너뛰고 곧장 미래의 도시로 가고 있는 느낌이랄까?

사실 겉은 화려하게 변했지만 아직도 신호등을 건널 때 사람들이 너무나도 자연스레(?) 무단 횡단을 하는 등 속은 많이 바뀌지 않은 것 같아요. 생활하다 보면 수시로 느끼게 되는

중국인들 특유의 말도 안 되는 우기기도 여전하고요. 가끔씩은 그런 중국인들의 태도 때문에 온갖 정이 싹 떨어질 때도 많았고, 앙칼진(?) 중국어로 목에 핏대를 세우고 중국 사람과 독하게 싸운 적도 많았어요. 그래도 친한 사람들끼리는 격하게 싸우고 나면 더 정이 가듯이, 이내 중국은 저에게 더욱 친근하게 다가왔죠. 마치 30년을 동고동락한 부부처럼 말이에요.

이 책을 위해 베이징 곳곳을 여행자의 마음으로 돌아간 듯 느끼며 썼어요. 설레는 마음으로 골목을 다니고, 익숙했던 것들을 사진 찍고, 행복한 시간을 같이 보냈던 사람과의 추억도 떠올리면서 말이에요. 여행자의 눈으로 본 제 고향 베이징은 분명 또 다른 느낌이었어요. 뉴욕 · 도쿄 · 방콕 · 밴쿠버 등 다른 여러 나라의 도시들을 다녀봤지만 베이징은 분명 뭔가 특별한 매력을 가지고 있어요. 이 책에는 제가 베이징에서 살면서 느꼈던 소소한 일상들도 많이 담겨 있어요. 복잡한 역사나 문화적인 해석은 잠시 접어 두고 편안한 마음으로 베이징으로 발걸음을 옮겨 보세요. 책에 나온 중국어 한두 마디만 익혀도 베이징을 내 맘대로 여행하는 데 큰 어려움은 없으실 거예요. 자! 이제 저와 함께 산뜻한 느낌이 나는 베이징으로의 여행을 한번 떠나 볼까요?

**Special thanks to...**

신옥희 이사님, 권근희 차장님, 최미진 님, 내 삶의 보험 같은 분들. 세현 형, 창국이 형, 루키앤디 대표님, 친구 규석, 석규, 재석, 현숙, 영일, 준우, 사랑하는 가족들에게 감사를 전합니다.

2009년 2월 설우진

## Chapter 1. Beijing Story

베이징의 생활·문화·여행에 관한 이야기를
재미있게 읽으면서, 저절로 주제와 관련된
중국어를 익힐 수 있습니다.

## Chapter 2. Conversation

베이징 생활에 꼭 필요한 중국어 회화를
자세한 설명과 함께 공부합니다.

## Chapter 4.

### China talk

단원의 주제와 관련하여
평소 알고 싶었던 중국에
대한 궁금증을 풀어 보세요.

## Chapter 3.

### Expression

보다 유창한 중국어를 위한 추가 표현을
정리해 봅니다.

### Hot Tip

이 책을 들고 베이징으로 떠날 분들을 위한 보너스 페이지~!!
베이징 생활 10년째인 저자가 강추하는 핫플레이스를 탐방해 보세요!



### 1. 중국어의 표기

본문에서 중국어 표기와 발음이 필요한 경우에는 보기와 같이 병기하였으며, 중국어 발음으로 제시된 단어나 문장에도 한국어 번역을 병기했습니다. 중국어 발음의 한글 표기는 최대한 현지 발음에 가깝게 하는 것을 원칙으로 하여, 외래어 표기법과 다른 경우도 있을 수 있습니다.

### 2. 상점·가격 등의 정보

이 책에 실린 상점·가격·환율 등의 정보는 2016년 2월을 기준으로 한 것이므로, 현지 사정에 따라 변동이 있을 수 있습니다.

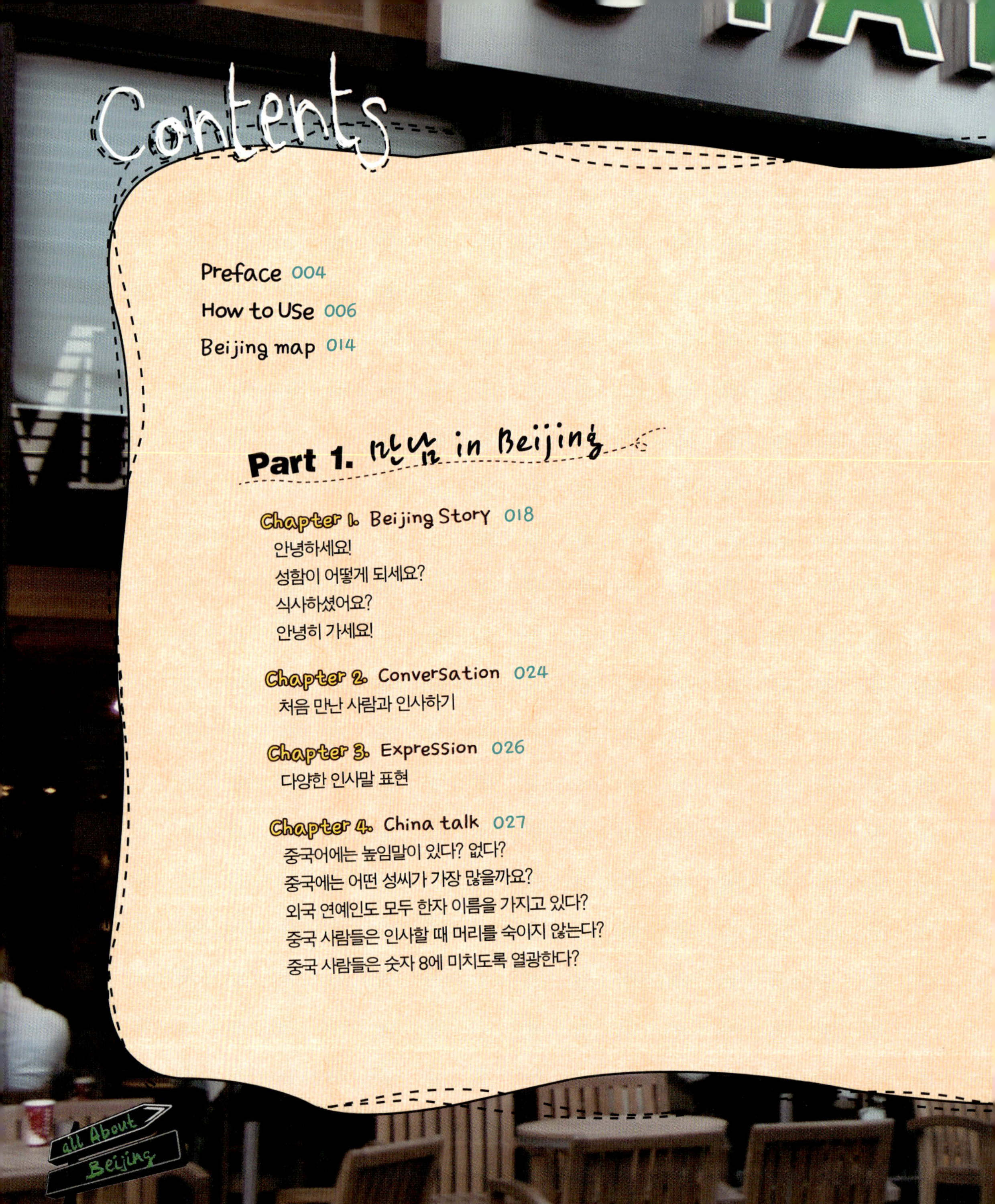

# Contents

# Contents

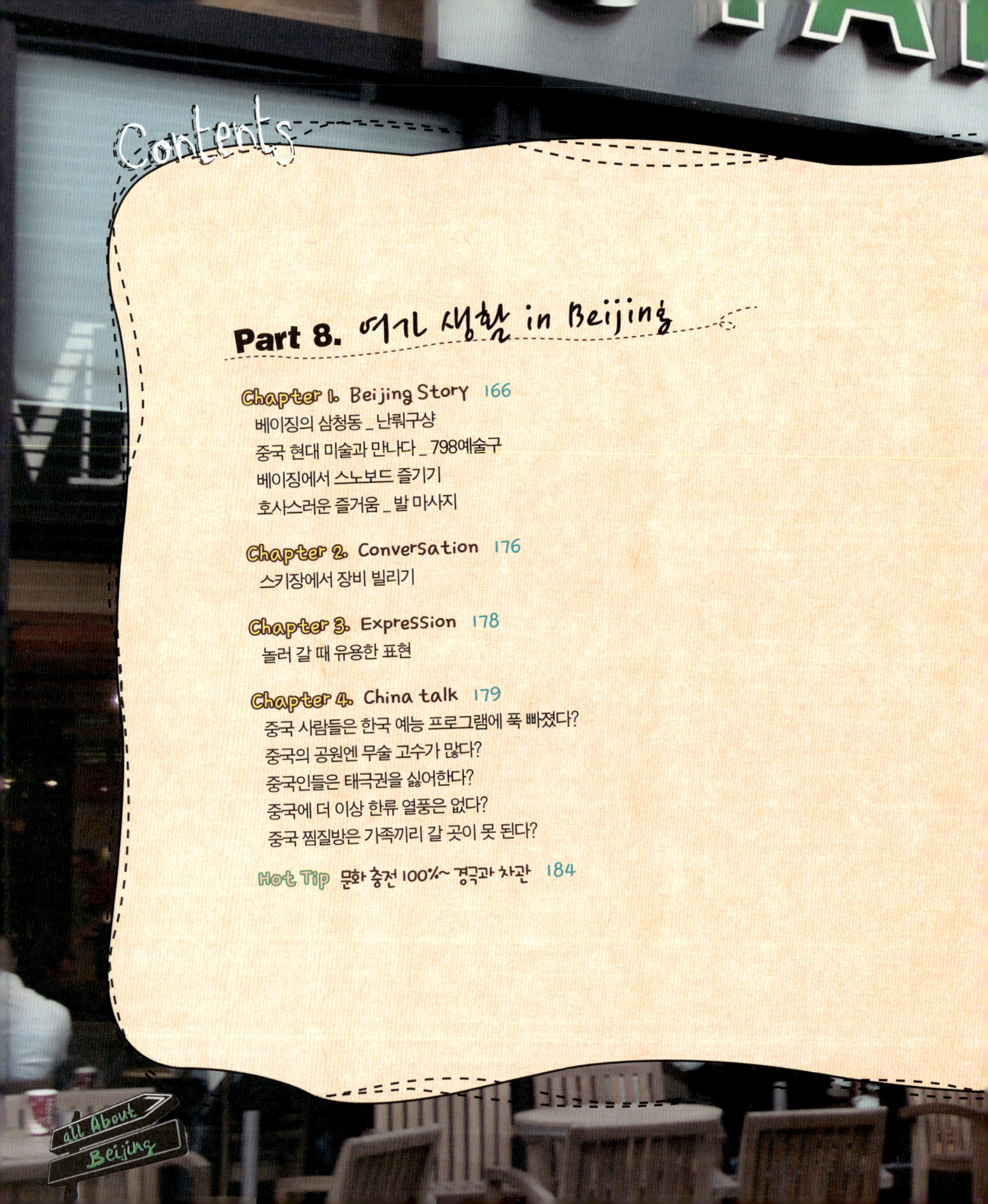

# Contents

## Part 8. 여기 생활 in Beijing

# Beijing map

all About
Beijing

옥불사
玉佛寺
이화원
향산 공원
香山公
향산 식물원
香山植物
원명원
북경대학
北京大
우다오코우
五道口
청화대학
우다오코
五道口
빠꼬우
八
쑤저우지에
州街
하이뗀황창
海庄
즈춘리
知春里
즈춘루
知春路
인민대학
人民大
베이징 동물원
北京物
옥연담 공원
玉潭公
구청
古城
빠차오요우러위옌
八河游
빠바오산
玉泉路
위취옌루
우커송
松
완쇼우루
万路
꽁주펀
公主
쥔스보우관
事博物
무시띠
木地
베이징 서역
北京西站

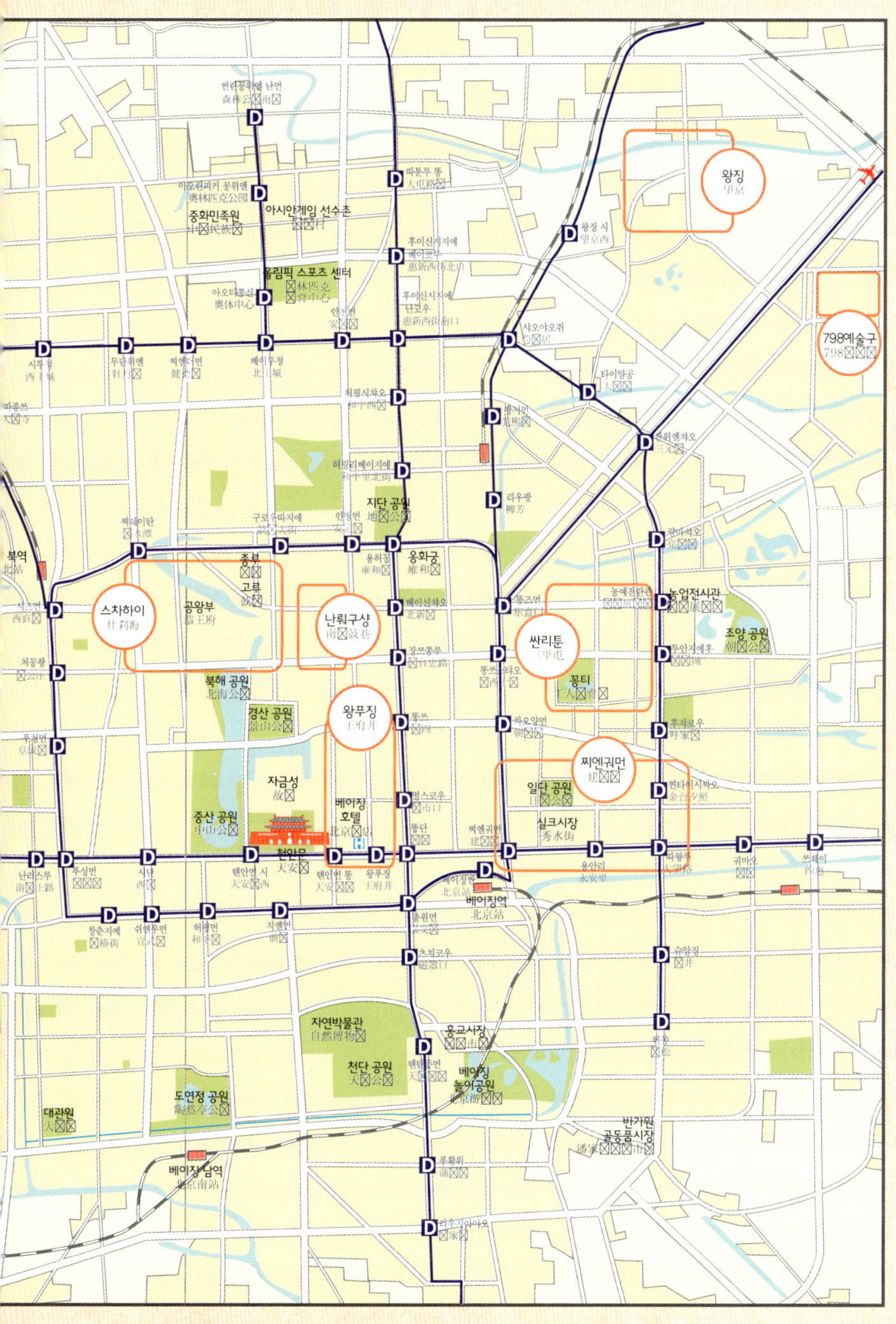
션린공위엔 난먼
森林公园南口
하오린피커 꽁위엔
奥林匹克公园
중화민족원
中华民族园
아시안게임 선수촌
올림픽 스포츠 센터
森林匹克
运动中心
아오티쭝신
奥体中心
따툰루 퉁
大屯路东
왕징 시
望京西
왕징
望京
798예술구
798
후이신시지에
베이커우시
惠新西街北口
후이신시지에
단코우
惠新西街南口
안리꺄
安立桥
샤오야오쥐
芍药居
시투청
西土城
무단위엔
牡丹园
찌엔더먼
健德门
베이투청
北土城
따종쓰
大钟寺
타이양꿍
太阳宫
허핑시차오
和平西桥
허핑리베이지에
和平里北街
꽝거먼
光熙门
동즈먼
东直门
쌰오야오쥐
东城区
지단 공원
地坛公园
리우팡
柳芳
베이역
北站
시즈먼
西直门
찌뻬이탄
积水潭
종루
钟楼
구로우따지에
鼓楼大街
안띵먼
安定门
종루
고루
钟鼓
용허꿍
雍和宫
옹화궁
雍和
따왕루
大望路
스차하이
什刹海
꽁왕부
恭王府
북해 공원
北海公园
난뤄구샹
南锣鼓巷
베이신차오
北新桥
장쯔종루
张自忠路
둥쓰스탸오
东四十条
싼리툰
三里屯
농예전람관
农业展览馆
농업전시관
农业展览馆
투안지에후
团结湖
조양 공원
朝阳公园
처꿍좡
车公庄
경산 공원
景山公园
왕푸징
王府井
자금성
故宫
둥쓰
东四
좡쓰타오
朝阳门
꽁티
工人体育场
후자로우
呼家楼
푸청먼
阜成门
중산 공원
中山公园
베이징
호텔
北京饭店
펑스코우
市口
찌엔궈먼
建国门
일단 공원
日坛公园
실크시장
秀水街
궈마오
国贸
뤄마시
金台夕照
마왕 쓰
夕照
난리스루
南礼士路
푸싱먼
复兴门
시단
西单
톈안먼 시
天安门西
천안문
天安门
톈안먼 둥
天安门东
왕푸징
王府井
용안리
永安里
씨따왕
大望桥
쓰웨이
东大桥
창춘지에
长椿街
쉬안우먼
宣武门
허핑먼
和平门
찌엔러우
前门
베이징짠
北京站
베이징역
北京站
슈왕징
右安门
쯔치코우
磁器口
융딩먼
永定门
자연박물관
自然博物
홍교시장
红桥市场
천단 공원
天坛公园
톈탄둥먼
天坛东门
베이징
놀이공원
北京游乐园
바가오
꾸둥품시장
古玩市场
대관원
大观园
도연정 공원
陶然亭公园
베이징 남역
北京南站
푸황위
蒲黄榆
리우쟈야오
刘家窑

# Part 1

## in beijing

베이징과의
가슴 떨리는
첫 만남~

# Beijing Story

**안녕하세요!**

중국 사람들은 처음 만났을 때 어떻게 서로 첫인사를 나눌까요? 우리는 안면이 없는 사람과 처음 대면할 때 상대방에게 "처음 뵙겠습니다!"라는 말을 많이 씁니다. 하지만 중국 사람들은 그런 표현 대신 그냥 "안녕하세요!"란 뜻의 "니 하오! 你好! Nǐ hǎo!" 또는 높임말인 "닌 하오! 您好! Nín hǎo!"란 인사말을 가장 많이 사용합니다.

'니 하오'라는 인사말은 이제 우리에게도 별로 낯설지가 않죠? 중국어에도 물론 우리말의 '처음 뵙겠습니다.'와 같은 뜻의 "추츠 찌엔미엔! 初次见面! Chūcì jiànmiàn!" '추츠初次'는 '처음', '찌엔미엔 见面'은 '만나다'의 뜻입니다.이란 말이 있기는 하지만, 그다지 즐겨

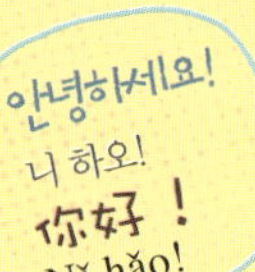

베이징의 새로운 랜드마크
올림픽 주경기장

쓰는 표현은 아니거든요.

상대방이 먼저 "니 하오!"라고 인사말을 건네면 여러분도 똑같이 "니 하오!"라고 답하시면 됩니다. 정말 간단하죠? 참! 중국 사람들은 인사를 할 때 우리처럼 머리를 숙이지 않아요. 상대방이 아무리 나이가 많아도 말이에요. 그러니까 인사를 할 때 그냥 상대방의 눈을 쳐다보며 반갑게 미소를 짓거나 악수를 하면서 "니 하오!"라고 말하시면 됩니다.

만약 상대방에게 좀더 반가운 마음을 표현하고 싶을 때, 말하자면 "와! 만나서 정말 반가워요!", "당신을 진심으로 환영해요!"라는 느낌을 전달하고 싶으시면 "니 하오! 니 하오!" 하고 두세 번 반복해서 말하셔도 되고요. 저 역시 반가운 중국인 친구를 만나면 항상 상대방의 손을 꼬옥~ 잡고 흔들며 큰소리로 "니 하오! 니 하오!" 하고 호들갑을 떨며 인사를 하거든요. 이때 중국 사람들은 '니 하오'를 빨리 말해서 거의 "니하! 니하!"처럼 발음한답니다.

아참! 중국어를 처음 배우는 분들이 첫 인사말로 "니 하오 마? 你好吗? Nǐ hǎo ma?"를 쓰는 경우가 종종 있습니다. 이 '니 하오 마?'는 우리말의 "안녕하셨어요?", "잘 지내셨어요?"의 의미로 이미 상대방과 어느 정도 안면이 있는 상황에서 쓸 수 있는 말이지, 처음 만나는 사람에게 쓰기에는 적합하지 않은 인사말입니다. 중국에서 가수들의 라이브 공연장에 가 보면 공연이 시작되자마자 가수들이 관객들을 향해 큰 소리로 "친아이 더 꺼미먼, 니먼 하오 마? 亲爱的歌迷们，你们好吗? Qīài de gēmímen, nǐmen hǎo ma? 사랑하는 팬 여러분, 안녕하셨나요?"라고 외치는 소리를 쉽게 들을 수가 있지요.

● **성함이 어떻게 되세요? _ "닌 꿰이 씽?"**

'니 하오'로 시작되는 간단한 인사말이 끝나면 이제 서로 통성명을 해야겠죠? 중국 사람들이 상대방의 이름을 물어볼 때 가장 많이 쓰는 표현으로는 "닌 꿰이 씽?您贵姓? Nín guì xìng?성함이 어떻게 되세요?" 이 있습니다. '닌您'은 '당신', '꿰이贵'는 '귀하다', '씽姓'은 '성씨'의 뜻입니다. 이 말은 상대방이 자기보다 나이가 많거나 혹은 예의를 갖춰야 할 때 쓰는 표현입니다. 대답할 때는 "저는 설 씨예요", "저는 김 씨예요." 처럼 자기의 성만 얘기하고, 이름은 얘기하지 않아도 됩니다. 우리는 상대 방이 이름을 물어보면 항상 성과 이름을 같이 말하잖아요. 근데 중국 사람 들은 이름을 따로 물어보지 않으면 얘기하지 않는 경우가 많답니다. 조금 특이하죠? 자! 그럼 제가 알기 쉽게 예를 한번 들어볼게요.

상대방이 "닌 꿰이 씽?"하고 물으면 "워 씽 짱.我姓张。 Wǒ xìng Zhāng.저 는 장 씨입니다." 같이 자기의 성만 말해도 되고, 만약 이름까지 같이 말하고 싶 으면 뒤에 '이름'이란 뜻의 '밍쯔名字 míngzi'와 '부르다'란 뜻의 동사 '찌아 오叫 jiào'를 써서 "워 씽 짱, 밍쯔 찌아오 똥지엔.我姓张，名字叫东建。 Wǒ xìng Zhāng, míngzi jiào Dōngjiàn.저는 장 씨이고요, 이름은 동건이라고 합니다."라고 말하시 면 됩니다. 제가 처음 중국에 갔을 때 짧은 중국어 실력으로 중국인들과 통 성명을 하는데, 글쎄 상대방이 "워 씽 왕.我姓王。 Wǒ xìng Wáng.저는 왕 씨입니 다." 또는 "워 씽 천.我姓陈。 Wǒ xìng Chén.저는 진 씨입니다."처럼 자기의 성만 얘 기하고 이름은 알려 주지 않아서 "어라! 이 사람들은 성만 있고 이름은 없 나?"라고 의아하게 생각한 적도 있었답니다.

● **이름이 뭐니? _ "니 찌아오 션머 밍쯔?"**

중국 사람들이 상대방의 이름을 물어볼 때 자주 쓰는 또 다른 표현으로

는 "이름이 뭐예요?"란 뜻의 "니 찌아오 션머 밍쯔? 你叫什么名字? Nǐ jiào shénme míngzi?"가 있습니다. 여기서 '찌아오叫'는 '부르다', '션머什么'는 '무엇', '밍쯔名字'는 '이름'이라는 뜻입니다. 이 표현은 윗사람이 아랫사람의 이름을 물을 때나 나이가 비슷한 또래 사이에서 많이 사용합니다.

때에 따라서는 친근감을 주기 위해 '밍쯔名字 míngzi이름'를 생략하고 그냥 "니 찌아오 션머? 你叫什么? Nǐ jiào shénme?"라고 줄여서 말하기도 하고요. 나이가 비슷한 중국인 친구를 만났는데 예의를 갖춘답시고 "닌 꿰이 씽?"이란 표현을 써서 이름을 물어본다면 금세 친해지기가 어렵겠죠?

대답을 할 때에는 〈워我 + 찌아오叫 + 성씨 + 이름〉의 형식을 써서 "워 찌아오 짱똥찌엔. 我叫张东建。 Wǒ jiào Zhāng Dōngjiàn. 저는 장동건이라고 합니다."처럼 말하면 됩니다.



중국 사람들은 먹는 것을 참 중요하게 여기는데요, 그래서 우리말의 "밥 먹었니?" 또는 "식사하셨어요?"에 해당하는 "니 츠 판 러 마? 你吃饭了吗? Nǐ chī fàn le ma? '츠吃'는 '먹다', '판饭'은 '밥, 식사'의 뜻입니다.라는 표현을 안부 인사로 자주 사용합니다.

2008년 베이징 올림픽을 계기로 우리나라 TV에서도 중국의 문화나 음식을 소개해 주는 프로그램이 많아져서, '니 츠 판 러 마?'란 표현을 다들 한 번쯤은 들어보셨을 거예요. 어떤 분들은 이 말을 들으면 마치 "이 $&%!"라고 욕하는 것처럼 들린다고 하시는데, 발음이 정말 비슷하긴 한가요?

여러분이 중국에서 식사 시간 전후에 아는 중국 사람을 만나면 '니 하오' 대신 '니 츠 판 러 마?'라는 표현을 써서 인사해 보세요. 상대방에게 좀 더 친근한 느낌을 줄 수 있을 거예요. 예를 들어 수업이 끝나고 밥을 먹으러 학교 식당에 가는데 아는 중국인 친구를 만나면 "샤오왕, 니 츠 판 러 마? 小王，你吃饭了吗? Xiǎo Wáng, nǐ chī fàn le ma? 샤오왕, 밥 먹었니?"라고 해 보세요. 또 회사에 다니는 경우라면 "찐 시엔셩, 니 츠 판 러 마? 金先生，你吃饭了吗? Jīn xiānshēng, nǐ chī fàn le ma? 미스터 김, 식사했어요?"라고 말해 보세요. 어렵지 않죠?

만약 식사 시간이 한참 지났는데 뜬금없이 "식사하셨어요?"라고 인사를 한다면, 상대방이 '아니, 지금이 몇 신데……'라며 조금 난처해할 수도 있겠죠? 그러니 타이밍을 잘 맞추도록 하세요. 참! 중국 사람들은 아침 · 점심 · 저녁 식사를 우리보다 조금 일찍 먹는 경향이 있다는 사실도 염두에 두시고요.

중국어 tip 하나! "밥 먹었는데요."란 말은 중국어로 "츠구어 러. 吃过了。Chīguo le.", "아직 안 먹었는데요."는 "하이 메이 츠 너. 还没吃呢。Hái méi chī ne."라고 합니다.





<table>
<tr><td>안<br>녕<br>히<br>가<br>세<br>요!</td><td>

중국 사람들은 헤어질 때 "짜이 찌엔. 再见。Zài jiàn."이란 인사말을 제일 많이 쓰는데, '짜이 찌엔'은 우리말의 "안녕히 가세요!", "잘 가!", "또 만나!"의 뜻입니다.

하지만 요즘 중국의 젊은이들은 '짜이 찌엔'보다 영어의 인사처럼 "바이바이! 拜拜! Bàibài!"란 표현을 더 많이 쓴답니다. 특히 중 · 고등학생이나 젊은 여성들 사이에서 말이에요. 이 '바이바이'는 원래 홍콩이나 타이완에서 많이 쓰는 표현인데, 드라마나

</td></tr>
</table>

영화의 영향으로 중국 본토大陆 dàlù따루의 젊은이들 사이에서도 유행하게 되었답니다.

언제부터인가 중국인 친구들이 헤어질 때 제게 '바이바이'하고 인사를 하는데, 처음엔 중국식 발음으로 하는 '바이바이'가 되게 어색하게 들리더라고요. 또 어린아이들 인사법 같아서 약간 유치해 보이기도 했고요. 하지만 계속 듣다 보니 적응이 됐는지 나름 귀엽게(?) 들리는 것 같기도 해요. 단! 여자들이 인사를 했을 경우에만 말이에요.

그 외에 또 어떤 인사말이 있을까요? 중국 사람들은 헤어질 때 "만 조우! 慢走! Màn zǒu!"란 인사말도 많이 쓰는데, 이 말은 우리말의 "조심해서 가세요!", "살펴 가세요!"에 해당하는 표현입니다. 저는 평소에 중국인 친구들을 집에 초대해 맛있는 한국 요리를 대접하는 게 취미인데, 친구들이 돌아갈 때면 "짜이 찌엔, 만조우! 再见, 慢走! Zài jiàn, màn zǒu! 안녕, 조심해서 가!"라고 작별 인사를 하곤 합니다. 참! 중국 식당에 가면 밥을 먹고 나올 때 문 앞에 서 있는 여성 종업원이 상냥한 목소리로 "만 조우!"라고 말하는 걸 쉽게 들을 수가 있어요.

또 우리는 누군가를 멀리 떠나보낼 때 상대방에게 "몸조심해!", "건강 유의해!"와 같은 당부의 말을 많이 하죠? 이때 중국 사람들은 "바오쫑! 保重! Bǎozhòng!"이란 표현을 사용합니다. 예를 들어 부모님을 떠나 외국으로 유학을 갈 때, 학교 졸업식장에서 정든 친구들과 작별 인사를 나눌 때, 남자 친구가 군에 입대할 때 등등의 상황에서 쓸 수 있는 인사말입니다.

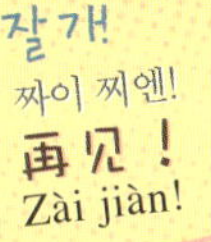

닌 하오!

**A** 您好[1]！  안녕하세요?
Nín hǎo!

닌 하오!

**B** 您好！  안녕하세요?
Nín hǎo!

닌 꿰이 씽?

**A** 您贵姓[2]？  성함이 어떻게 되세요?
Nín guì xìng?

워 씽 쉬에, 밍쯔 찌아오 요우전. 닌 너?

**B** 我姓薛，名字叫友轸[3]。您呢[4]？  저는 설 씨이고, 이름은 우진입니다. 당신은요?
Wǒ xìng Xuē, míngzi jiào Yǒuzhěn. Nín ne?

워 씽 취엔, 밍쯔 찌아오 쯔시엔.

**A** 我姓全，名字叫智贤。  저는 전 씨이고, 이름은 지현입니다.
Wǒ xìng Quán, míngzi jiào Zhìxián.

찌엔따오 닌, 쩐 까오씽!

**B** 见到您，真高兴[5]！  만나서 반갑습니다.
Jiàndào nín, zhēn gāoxìng!

찌엔따오 닌, 워 예 쩐 까오씽!

**A** 见到您，我也真高兴！  저 역시 만나 뵙게 되어 반갑습니다.
Jiàndào nín, wǒ yě zhēn gāoxìng!

쩐호우 칭 뚜어뚜어 꾸안자오!

**B** 今后请多多关照[6]！  앞으로 잘 부탁드립니다.
Jīnhòu qǐng duōduō guānzhào!

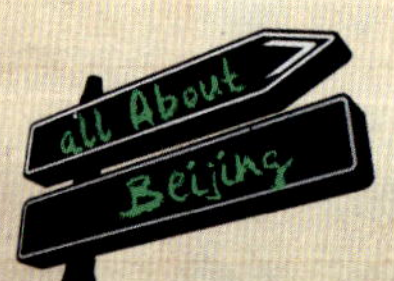

**1**

닌您 nín 은 당신의 뜻으로, 니你 nǐ의 높임말입니다. "닌 하오!您好！ Nín hǎo!"는 상대방이 자기보다 연배가 높거나 격식을 차려야 할 때 쓰는 인사말입니다.

**2**

꿰이貴 guì 는 귀하다, 비싸다라는 뜻으로, 여기서는 성씨를 나타내는 씽姓 xìng 앞에 붙여서 존경의 뜻을 나타냅니다. 그냥 씽은 '성씨'지만, 꿰이 씽은 '존성대명'쯤 되는 거죠.

**3**

이름이란 뜻의 밍쯔名字 míngzi 를 생략하고, "我姓薛，叫友轸。저는 설 씨이고, 우진이라고 합니다."로 줄여서 말할 수도 있습니다.

**4**

"您呢？ Nín ne?"는 "당신은요?", "그쪽은요?"의 뜻으로 상대방의 질문에 대답한 후, 상대방에게 같은 질문을 되물을 때 쓰는 표현입니다. 여기서 너 呢 ne 는 의문문의 끝에 놓여 묻는 어감을 나타내는 어기조사입니다.

**5**

"见到您，真高兴!"은 영어 Nice to meet you!와 같은 뜻으로, 상대방과 처음 만났을 때 쓰는 표현입니다. 여기서 찌엔따오 见到 jiàndào 는 만나다, 쩐 真 zhēn 은 정말로, 까오씽 高兴 gāoxìng 은 기쁘다의 뜻이에요. 만약 "저 역시 만나서 반갑습니다."라고 말하고 싶으면 쩐 까오씽 真高兴 zhēn gāoxìng' 앞에 '나 역시'란 뜻의 '워 예我也 wǒ yě'를 붙이면 됩니다.

**6**

찐호우今后 jīnhòu 는 앞으로, 뚜어뚜어多多 duōduō 는 많이, 거듭, 꾸안자오 关照 guānzhào 는 돌보다의 뜻으로 "请多多关照！"는 우리말의 "앞으로 잘 부탁드리겠습니다."에 해당하는 관용 표현입니다.

# Expression
**다양한 인사말 표현**

좋은 아침이에요!

닌 자오!
您早！
Nín zǎo!

성함이 어떻게 되세요?

닌 전머 청후?
您怎么称呼？
Nín zěnme chēnghu?

이름이 뭐예요?

니 찌아오 션머 밍쯔?
你叫什么名字？
Nǐ jiào shénme míngzi?

식사하셨어요?

니 츠 판 러 마?
你吃饭了吗？
Nǐ chī fàn le ma?

또 만나요!(잘 가요!)

짜이 찌엔!
再见！
Zài jiàn!

이따 봐요!

이훨 찌엔!
一会儿见！
Yíhuìr jiàn!

조심해서 가세요!

만 조우!
慢走！
Màn zǒu!

몸 건강해!

바오쫑!
保重！
Bǎozhòng!

많은 가르침 부탁드려요.

칭 뚜어뚜어 즈쟈오!
请多多指教！
Qǐng duōduō zhǐjiào!

# China talk

**이것만은 꼭 알고 싶다!**

## 중국어에는 높임말이 있다? 없다?

중국어는 우리말과 달리, 높임말과 반말의 구분이 딱히 없습니다. 그래서 나이가 많은 사람과 젊은 사람, 지위가 높은 사람과 낮은 사람 간에 쓰는 표현이 다 똑같답니다.

하지만 중국어에도 여러 가지 방식으로 상대를 높여 부르거나 존대하는 방법이 있습니다. 가장 간단한 방법은 '너'란 뜻의 '니 你 nǐ'를 '당신'이란 의미의 '닌 您 nín'으로 바꿔 부르는 거죠. 예를 들어 "안녕하세요?"란 인사를 할 때도 "니 하오! 你好! Nǐ hǎo!" 대신 "닌 하오! 您好! Nín hǎo!"라고 하고, 상대방에게 "식사하셨어요?"라고 물을 때도 "닌 츠 판 러 마? 您吃饭了吗? Nín chī fàn le ma?" 이렇게 말하는 거예요. 참 간단하죠? 또는 문장 앞에 영어 'Please'에 해당하는 '칭 请 qǐng'을 써서 존중의 의미를 표현하기도 합니다. "칭 쭈어! 请坐! Qǐng zuò! 여기 앉으세요!", "칭 원! 请问! Qǐng wèn! 말씀 좀 여쭐게요!" 이렇게 말이에요.

우리나라 사람들은 나이가 한두 살만 차이가 나도 높임말을 쓰지만, 중국에선 그런 구분이 엄격한 편이 아니에요. 그래서 너무 격식을 차려서 말하면 상대방이 오히려 불편해할 수도 있답니다.

# 중국에는 어떤 성씨가 가장 많을까요?

최근에 출간된 중국 성씨 대사전 中国姓氏大辞典 Zhōngguó Xìngshì Dàcídiǎn쫑궈 씽스 따츠디엔에 따르면 현재 중국인이 쓰는 성씨는 무려 2만 3천 여개에 달한다고 합니다. 정말 대단하죠? 중국은 인구가 13억 명이 넘고 56개의 다양한 민족으로 구성되어 있으니 성씨가 이렇게 많은 게 어떻게 보면 당연한 것인지도 모르겠네요. 그럼 그 많은 성씨 중에서도 중국인이 가장 많이 쓰는 성씨 Best 5는 어떤 걸까요? 바로 '리李 Lǐ', '왕王 Wáng', '짱张 Zhāng', '리우刘 Liú', '천陈 Chén' 입니다. 중국 신화통신에 따르면 중국 사람들이 가장 많이 쓰는 성씨인 '리李 Lǐ'를 쓰는 사람은 전체 인구의 8%로 대략 1억 명 가까이 된다고 하네요. 정말 허걱~이죠? 저는 설 씨인데요, 한국에선 그렇게 흔한 성이 아니거든요. 근데 중국에는 '쉬에薛 Xuē' 성을 가진 사람이 참 많더라고요. 특히 베이징의 택시 운전기사 중에 말이에요.^^

중국 사람들은 대부분의 한국 사람이 한자 성과 한자 이름을 가지고 있는 것에 대해 무척 신기하게 생각합니다. 만약 순수한 한글 이름을 가진 사람이 중국에 가서 생활한다면, 원래 이름과 비슷한 발음이 나면서도 뜻도 좋은 한자를 찾아 중국식 이름을 만들어야 합니다. 그래야만 중국인들이 이름을 쉽게 기억하고 부를 수가 있거든요.

중국에서도 인기가 좋은 가수 보아의 중국식 이름은 '바오얼 宝儿 Bǎo'ér 보배 같은 아이', 중국 출판계에서 대박을 터트린 인터넷 소설가 귀여니의 중국식 이름은 '커아이타오 可爱淘 Kě'àitáo 귀여운 개구쟁이', 또 제가 좋아하는 가수 서태지는 '쉬타이즈 徐太志 Xú Tàizhì 큰 뜻을 가진 사람'라고 하더군요. 서양 연예인들도 영어 이름과 음이 비슷한 한자를 따서 중국식 발음으로 바꿔 부르는데요. 예를 들어 패리스 힐튼은 '파리쓰 씨얼뚠 帕里斯·希尔顿 Pàlǐsī Xī'ěrdùn', 마돈나는 '마이땅나 麦当娜 Màidāngnà', 안젤리나 졸리는 '안지에리나 쭈리 安杰莉娜·茱莉 Ānjiélìnà Zhūlì', 브래드 피트는 '뿌라더 피터 布拉德·皮特 Bùlādé Pítè'로 발음합니다. 발음이 참 웃기죠?

우리나라 사람들은 인사를 나눌 때 머리를 숙여서 인사를 하지만, 중국에는 이와 같은 인사 문화가 없습니다. 자기보다 나이가 많거나 또는 높은 직급에 있는 사람을 만나도 머리를 숙이지 않고, 악수할 때도 그냥 한 손으로만 합니다. 제가 베이징에서 공부할 때 중국인 교수님에게 "라오스 하오! 老师好! Lǎoshī hǎo! 선생님 안녕하세요!" 하며 머리를 꾸벅 숙여서 인사를 하면 교수님은 "한궈런 헌 요우 리마오. 韩国人很有礼貌。 Hánguórén hěn yǒu lǐmào. 한국 사람은 예의가 참 바르네."라며 칭찬하시는 경우가 많았지만 조금은 어색해하신다는 것을 느낄 수 있었죠. 그리고 중국의 병원에서 근무할 때에도 다른 중국인 의사나 주임 의사에게 "니 하오!"하며 깍듯이 머리를 숙여서 인사하면, 많은 사람들이 꼭 일본 사람의 인사법 같다며 어색해하는 경우가 많았습니다. 중국 TV에서 보면 우리의 대통령에 해당하는 국가 주석이 노동자들을 격려하며 일일이 악수를 나누는 장면이 나오는데, 이때에도 그들은 머리를 숙이지 않고 그냥 당당하게 한 손으로 악수를 하며 "니 하오!"라고 말합니다.

예의를 중시하는 우리로서는 중국인들의 이러한 인사 문화가 잘 이해가 안 가죠? 그렇다고 머리 숙여 인사하지 않는 중국 사람들을 보고 예의가 없는 민족이라고 비하하시면 절대로 안 됩니다. 왜냐하면 이것은 단순한 문화의 차이일 뿐이니까요.

중국 사람들의 숫자에 대한 믿음은 거의 종교에 가깝습니다. 그래서 좋아하는 숫자와 싫어하는 숫자가 극명하게 구분이 되죠. 그럼 중국 사람들은 어떤 숫자를 가장 좋아할까요? 바로 8입니다. 8은 중국어로 '빠八 bā'인데, '돈을 많이 벌다', '대박이 나다'란 뜻을 가진 '파차이 发财 fācái'의 '파'와 발음이 비슷하기 때문이죠. 베이징 올림픽이 2008년 8월 8일, 그것도 정확히 8시 8분 8초에 개최된 건 다 알고 계시죠? 세계 최초로 중국 만리장성에서 열린 명품 브랜드 FENDI의 패션쇼에선 88명의 모델이 88벌의 의상을 입고 88미터를 캣워크했죠. 또 관광객들이 즐겨 찾는 왕푸징 먹자골목에 있는 포장마차 수는 정확히 88개이고요. 매년 8월 8일은 길일이라 하여 결혼이나 혼인 신고를 하려는 커플들이 줄을 서고, 오로지 8로만 된 자동차 번호판과 전화번호는 우리 돈 수억 원에 거래가 되기도 하죠. 이쯤 되면 중국인들의 8에 대한 사랑이 거의 광적이라고도 할 수 있겠죠?

6 또한 중국인들의 사랑을 듬뿍 받는 숫자인데요, '리우六 liù'의 발음이 '일이 순조롭게 풀리다'란 뜻의 '리우流 liú'와 비슷하기 때문입니다. 참! 우리가 '럭키 세븐'이라고 하는 숫자 7이 중국에서는 행운의 숫자가 아니에요. 왜냐하면 7의 중국어 발음인 '치七 qī'가 '화가 나다'란 뜻의 '셩치生气 shēngqì'의 '치'와 발음이 같기 때문이랍니다.

# Part 2

유토피 in beijing

자전거를 타고
베이징 한 바퀴~

# Beijing Story

**자전거의 왕국**

중국에서 가장 대중적이면서도 편리한 교통수단은 아마 자전거自行车 zìxíngchē쯔싱처일 겁니다. TV 화면에서 천안문 광장에 걸려 있는 거대한 마오쩌둥 초상화를 배경으로 쉴 새 없이 지나가는 자전거 행렬을 아마 다들 보셨을 거예요. 자전거 왕국인 중국의 진면목은 이른 아침 출근 시간이 되면 나타납니다. 버스나 지하철 대신 자전거를 타고 회사에 출근하는 직장인들上班族 shàngbānzú상빤주과 등교하는 학생들, 시장이나 마트에 장보러 가는 주부들, 어린 손자 손녀를 뒤에 태우고 조심스레 유치원으로 향하는 할아버지들, 거기에다 '싼룬처三轮车 sānlúnchē'라고 불리는 세발자전거를 타고 나와 길에서 만두나 밀가루 전병

매년 3, 4월이 되면 베이징에서 자전
거를 타고 다니기가 무척 힘이 드는
데요. 그 이유는 바로 무시무시한 황
사沙尘暴 shāchénbào사천빠오가 찾아
오기 때문이죠. 강력한 황사 바람이
한번 불었다 하면 눈이며 코며 입 안
까지 흙먼지가 잔뜩 들어가는 건 기
본이고, 역풍이라도 맞았다 하면 페
달을 아무리 밟아도 자전거가 저자
리에서 맴도는 황당한 상황이 벌어
지기도 한답니다. 이때 중국 사람들
은 저마다 황사를 대비해서 철저히
무장을 하는데요. 선글라스에 마스크
는 기본! 심지어는 목 밑까지 내려오
는 망사 자루를 머리에 쓰고 다니는
사람들도 있습니다. 저도 황사가 심
할때면 종종 그 망사 자루를 뒤집어
쓰고 싶은 충동을 느끼지만, 도저히
용기가 나질 않더라고요. 그게 꼭 양
파를 담는 붉은색 망사 주머니같이
생겼거든요. - _ -;;

을 파는 상인들까지, 중국의 거리는 이들이 타고 나온 각양각색의 자전거
로 독특한 도시 풍경을 만들어 냅니다.

자전거가 이렇게 많다 보니 베이징을 포함한 중국 대부분의 도시에는
자전거 이용자를 위한 여러 가지 편의 시설이 잘 갖추어져 있습니다. 자동
차 도로 옆에 자전거만 다닐 수 있는 널찍한 전용 도로가 잘 닦여 있는
것은 기본이고요, 육교나 지하도의 계단 옆이나 중앙에는 자전거
를 끌고 손쉽게 오르내릴 수 있도록 경사로가 만들어져 있습니다.
또 횡단보도에는 자전거를 위한 신호등이 별도로 설치되어 있기도
하고요. 우리나라에선 볼 수 없는 재미난 시설물이 꽤 많죠?

베이징은 도시 전체가 언덕이 거의 없는 평지라서 자전거를 타고
다니기가 무척 수월합니다. 튼튼한 자전거 한 대만 있으면 베이징 구석구
석을 맘껏 돌아다닐 수가 있죠. 하지만 자전거를 타고 가다 갑자기 타이어
에 바람이 빠지거나 구멍이 나면 큰 낭패겠죠? 그래서 베이징 골목골목에
는 '씨우처修车 xiūchē자전거 수리'라고 쓰여진 미니 자전거 수리점이 많이 있

답니다. 실내에서 하는 정식 점포가 아니라 길에 여러 가지 공구를 대충 늘어놓고 영업을 하는 초라한 모습이지만 주인 아저씨의 기술만큼은 워낙 뛰어나 뚝딱 하면 금세 수리가 끝난답니다. 하지만 요즘은 아쉽게도 베이징의 길거리에서는 더 이상의 긴 자전거 행렬도, 양손에 기름때를 잔뜩 묻힌 채 체인을 갈던 수리공 아저씨의 모습도 점점 사라지고 있습니다. 도로마다 꽉꽉들어찬 차들과 빛의 속도로 현대화돼 가는 베이징에서 이런 정겨운 광경은 이제 〈응답하라 1988〉에 나올 법한 이야기가 되었답니다.

참! 베이징의 대형 마트나 공원, 그리고 지하철 역 입구 같은 공공장소에는 자전거 전용 주차장停车场 팅처창이 마련되어 있습니다. 보통 자전거 주차비(?)로 5마오우리 돈 100원 정도의 요금을 받는데, 주차 관리 요원이 있어 자전거를 안전하게 보관할 수 있다는 장점이 있습니다. 요즘은 좀 뜸해졌지만 여전히 베이징에는 자전거 도둑이 기승을 부리기 때문에 돈이 좀 들더라도 꼭 유료 주차장에 자전거를 맡겨 두셔야 해요. 잠깐 볼일 보러 화장실에 가거나 맥도날드에 햄버거를 먹으러 들어갈 때도 꼭 안전 주차 하셔야 한다는 사실 잊지 마세요!

베이징 도로를 달리는
현대자동차 택시

저는 예전에 한창 중국어를 공부할 때 택시를 즐겨 타는 편이었습니다. 그때는 대중교통이 그리 발달되지 않았다는 이유도 있었지만, 무엇보다도 베이징 토박이 운전기사들과 중국어로 수다를 떠는 게 그렇게 즐거울 수가 없었거든요. 교실 안에서는 배울 수 없었던 생생한 어휘나 사투리를 익힐 수 있었으니 저껜 기사 아저씨들이 선생님이나 다름없었죠. 한마디로 택시비가 곧 과외비였던 셈이었고요. 한번은 택시에다 여권이며 생활비, 학비가 전부 들어 있는 가방을 놓고 내린 적이 있었는데, 고맙게도 기사 아저씨가 무사히 가방을 돌려줘 가슴을 쓸어내렸던 아찔한 기억도 있네요.

베이징에 처음 가시는 분들은 베이징의 거리에서 무척 기분 좋은 광경을 자주 목격하시게 될 텐데요, 최대 번화가인 왕푸징 거리나 천안문 광장 앞을 쌩쌩 달리고 있는 택시 중의 대부

복고풍의 택시

분이 우리에게 무척 낯익은 차종이기 때문입니다. 그 차종이 뭐냐 하면 바로 우리나라 현대자동차에서 만든 엘란트라와 쏘나타입니다. 이 두 차종은 중국에서 각각 '이란터 伊蓝特 Yīlántè', '쑤오나타 素纳塔 Sùnàtǎ'라고 불리는데, 중국의 베이징자동차와 현대자동차가 합작해서 설립한 베이징 현대 北京现代 Běijīng Xiàndài 베이징 시엔따이에서 생산한 택시랍니다. 베이징 전체 택시 가운데 절반이 넘는 택시가 현대자동차라고 하는데, 한국의 쏘나타 택시를 타고 베이징 시내 곳곳을 누비는 기분, 생각만 해도 신나지 않나요?

중국에서는 택시를 '추주처 出租车 chūzūchē'라고 부릅니다. 베이징의 택시는 예전에 소형차와 중형차의 구분이 있어서, 차종에 따라 요금이 달랐습니다. 하지만 지금은 택시가 현대의 엘란트라와 소나타, 폴크스바겐의 제타 같은 신식 중형차로 바뀌면서 요금이 하나로 통일되었답니다.

그럼 베이징의 택시 요금에 대해 한번 알아볼까요? 택시의 기본요금은 차종에 관계없이 3km까지 모두 13위안우리 돈 2,500원입니다. 주행 요금은 1km당 2.3위안우리 돈 450원씩 올라가고요. 택시 뒷좌석

베이징의 택시 요금은 1km당 2.3위안

의 오른쪽 창문을 보시면 숫자 2.3이 쓰여진 동그란 모양의 스티커가 붙어 있는데, 이게 바로 1km당 주행 요금이 2.3위안씩 올라간다는 뜻이에요. 그리고 밤 11시부터 다음날 새벽 5시 전까지는 기본요금이 14위안우리 돈 2,700원이 되고 매 km당 20%의 할증 요금이 적용됩니다. 베이징의 택시 요금, 그렇게 저렴하지만은 않죠? 환율이 치솟아 택시 타기가 부담스러운 요즘, 차는 비록 작고 에어컨도 잘 안 나왔지만 요금이 저렴했던 '샤리夏利 Xiàli이미 없어진 베이징의 대표적인 소형 택시 모델' 같은 소형 택시가 무척이나 그립네요.

베이징에서 택시를 타면 한 가지 특이한 점을 발견할 수가 있는데요, 바로 운전석과 승객 앞자리 사이에 설치된 칸막이隔斷 géduàn거뚜안입니다. 90년대 초 중국에서는 택시 기사가 다른 직업에 비해 수입이 괜찮고, 또 항상 현찰을 가지고 있기 때문에 강도를 당할 위험이 높았거든요. 그래서 기사를 보호하기 위해서 이런 답답하면서도 투박한 안전 칸막이를 설치했죠. 하지만 이 칸막이가 외국인들에게 중국 치안에 대한 불안감을 심어 줄 수 있다고 하여 칸막이를 제거하자는 캠페인이 벌어지기도 했습니다. 그래서 요즘은 대부분의 택시에 칸막이가 없지만, 아직도 안전을 위해 칸막이 설치를 고수하시는 기사님들도 간혹 있답니다.

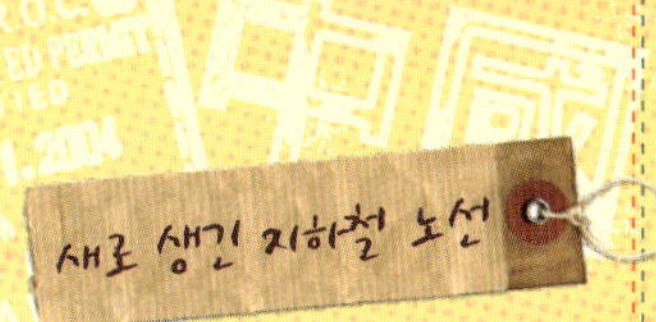


불과 몇 년 전만 해도 베이징에는 지하철 노선이 고작 5~6개밖에 없어서 별로 이용하지 않았는데, 요즘은 베이징의 핵심 교통수단으로, 아침부터 저녁까지 승객이 만원입니다. 특히 5호선과 10호선은 역사에 스크린 도어도 설치되어 있고, 차량도 깨끗해서 제가 좋아하는 노선이죠. 하지만 퇴근 러시아워인 오후 6~7시 사이는 웬만하면 피하도록 하세요. 정말이지 지옥철이 따로 없거든요. 중국 지하철 중 가장 빠른 시속 100km를 자랑한다는 공항 전용선도 한번 타 볼 만답니다. 출발역인 똥즈먼 東直门 Dōngzhímén 역에서 공항 신청사까지 20분이 채 안 걸리거든요. 가격은 25위안우리 돈 5,000원이고요.

## 편리한 지하철

베이징에서 가장 빠르면서도 저렴하게 이용할 수 있는 교통수단이 바로 지하철 地铁 dìtiě띠티에입니다. 하루 평균 지하철 이용객만 무려 1천여만 명. 매일 서울시 인구 전체가 총 320여 개의 역사에서 지하철을 타고 이동하는 것과 같으니, 그 규모가 역시 중국답죠? 출퇴근 시간의 베이징 지하철은 물 밀듯 쏟아져 나오는 시민들로 인해 상상을 초월하는 지옥철로 변하기도 한답니다.

현재 베이징의 지하철 노선은 총 몇 개일까요? 도심 노선인 1호선~15호선, 우리의 분당선과 같이 베이징 시 중심과 교외를 연결하는 빠통, 팡산, 창핑, 이좡 4개 교외 노선, 공항 전용 노선까지 총 19개입니다. 현재도 확장공사 중인데 2020년까지 베이징에서 허베이성 도시까지 연결되는 총 27개의 노선이 완공될 예정입니다. 그때가 되면 베이징은 런던, 뉴욕을 뛰어넘는 세계에서 제일 큰 지하철 네트워크를 갖는 도시가 됩니다. 물론 지금도 베이징 도심과 교외의 웬만한 관광지는 지하철을 타고 다 둘러볼 수 있을 정도로 충분히 편리해졌지만 말이에요.

베이징의 지하철 요금은 얼마일까요? 전 구간 기본 요금은 3위안우리 돈 550원으로, 중국도 우리나라와 같이 이동 거리에 비례해 요금이 올라갑니다. 베이징으로 여행가기 전 바이두 맵 百度地图 bǎidùdìtú바이두띠투같은 앱을 활용하면 가장 빠른 노선 및 목적지까지의 비용을 검색해 볼 수 있습니다.

그럼 베이징에서 지하철을 한번 타 볼까요? 먼저 지하철역 地铁站 dìtiězhàn띠티에짠을 찾아야 하는데요, 지하철역 입구에는 파란색 바탕에 흰색으로 알파벳 D지하철을 뜻하는 중국어 '띠티에 地铁 dìtiě'의 머리글자가 그려진 마크가 붙어 있어 쉽게 찾을 수가 있답니다. 승차권은 역무원이 있는 매표소 售票处 shòupiàochù쇼우퍄오추와 자동 발권기 自动售票机 zìdòng shòupiàojī쯔똥 쇼우퍄오

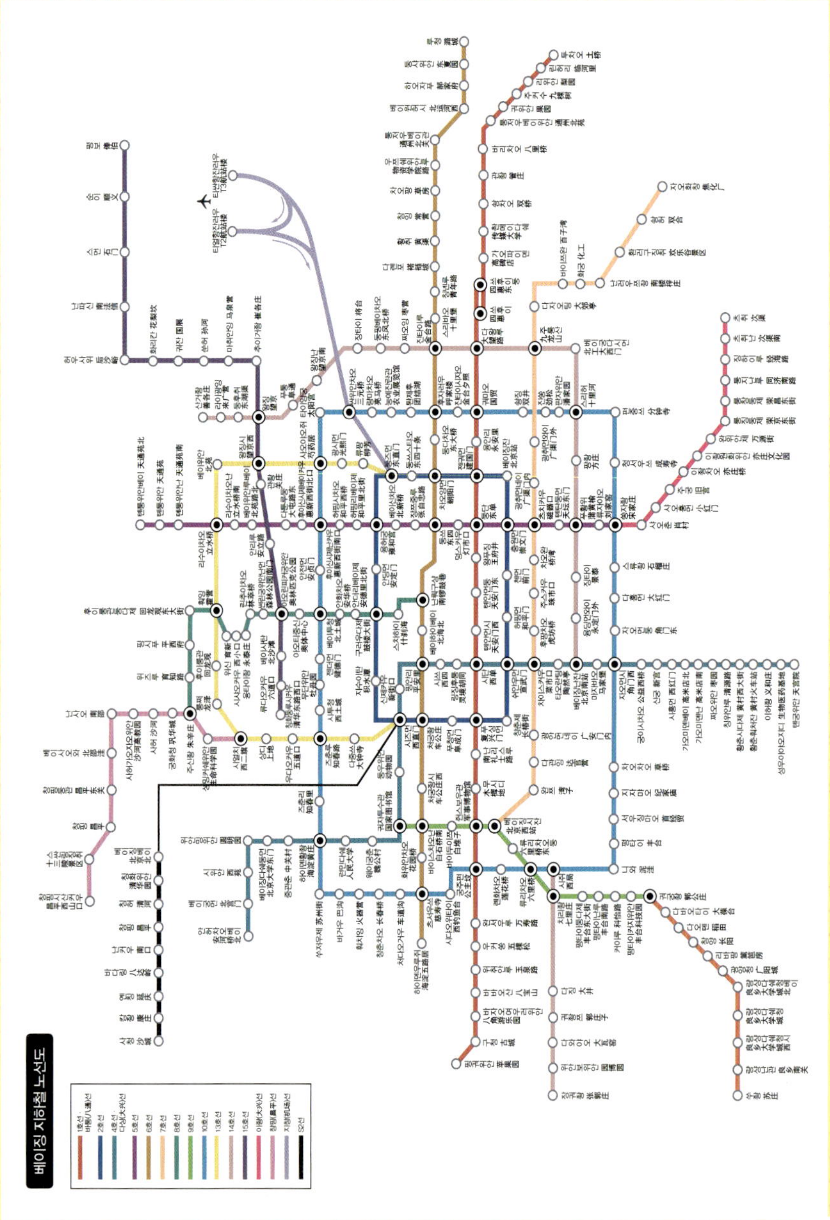

베이징 지하철 노선도



환승역
환청짠
换乘站
huànchéngzhàn

지하철 표

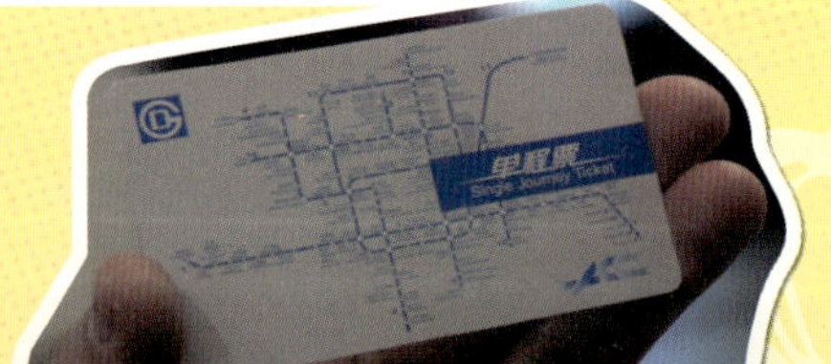

지를 이용해서 구입할 수가 있습니다. 우리나라의 '티머니' 카드에 해당하는 통합 교통 카드인 '이카통 一卡通 yìkǎtōng'이 있다면 표를 따로 살 필요는 없겠죠? 지하철 표는 명함 크기만 한데 자동 개찰구를 통과할 때는 리더기에 살짝 대시면 됩니다. 또 내릴 때는 기계 안으로 쏙 밀어 넣으시면 되고요. 여기서 잠깐! 만약 실수로 표를 잃어버리면 역무원에게 승차한 지점을 정직하게(?) 얘기한 후 그에 따른 요금을 지불하면 됩니다.

지하철 내부는 우리나라에 비해 폭이 조금 좁지만 전반적으로 무척 깨끗하고 쾌적한 편입니다. 지하철 문 위에는 전자식 노선표가 있어서 가고자 하는 역을 쉽게 찾을 수가 있고요. 또 곳곳에 설치된 LCD 스크린에서는 환승 정보, 노선 정보와 함께 최신 영화 예고편이나 뉴스가 나와서 지루함을 덜어 주기도 합니다. 물론 노약자석 老幼病残孕专座 lǎoyòubìngcányùn zhuānzuò 라오요우뼁찬원 주안쭈오도 따로 마련되어 있고요. 중국도 우리처럼 노약자석에 대해 꽤 민감(?)하기 때문에 젊은 사람이나 멀쩡한 사람이 앉으면 따가운 눈총을 받거나 꾸지람을 들을 수도 있으니 유의하시고요.

베이징의 모든 지하철역에서는 도심 테러 예방 차원에서 공항에서처럼 모든 승객들에 대한 안전 검사 安检 ānjiǎn 안지엔를 실시한답니다. 검사원들이 어찌나 까다로운지 들고 있는 가방과 쇼핑백은 모두 검색대를 통과해야 합니다.

버스 정류장의 노선 안내

베이징에 사는 한국 교민들 사이에선 요즘 버스 타기 붐이 일고 있어요. 예전엔 가까운 거리도 택시를 타는 경우가 많았는데. 요즘에는 환율이 올라 너도 나도 허리띠를 졸라매고 있거든요. 중국에서는 시내 버스를 '꽁지아오처 公交车 gōngjiāochē'라고 합니다. 베이징에서 길을 걷다 보면 우리 나라에는 없는 다양한 종류의 버스를 보실 수가 있는데요, 일명 '지네 버스'라 불리는 두 개의 차량을 연결한 굴절 버스, 보기만 해도 타고 싶어지는 2층 버스, 전선줄을 따라서 다니는 트롤리 버스 无轨电车 wúguǐ diànchē 우구이 띠엔처 등 신기한 버스가 거리를 가득 메우고 있습니다.

베이징의 시내버스 요금은 2위안 우리 돈 400원이 기본입니다. 정말 저렴하죠? 물론 우리나라의 좌석 버스에 해당하는 2층 버스나 시원한 에어컨이 빵빵하게 나오는 에어컨 버스 空调车 kōngtiáochē 콩티아오처의 경우 3~5위안을 받기도 하고요. 또 어떤 노선은 기본요금 외에 이동 거리에 따라 돈을 추가로 내야 하는 경우도 있는데요, 이런 경우 10km 또는 12km까지는 기본요금 2위안, 그 후부터는 5km를 갈 때마다 5마오 우리 돈 100원을





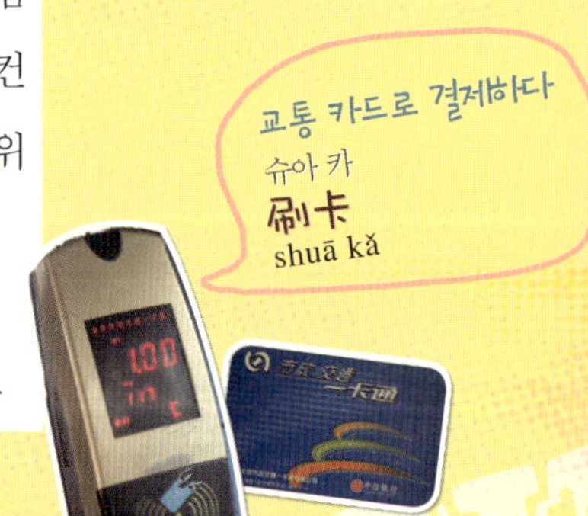

버스 내부

추가로 내는 게 보통입니다. 버스 정류장에 설치된 노선표에는 버스 번호, 정거장, 첫차 및 막차 시간, 그리고 요금에 관한 정보가 모두 들어 있으니 잘 체크하세요.

요금을 내실 때는 우리나라와 같이 교통 카드를 단말기에 살짝 갖다 대셔도 되고, 카드가 없으시면 2위안을 요금함에 넣으시면 됩니다. 베이징 시민들은 대부분 '이카통一卡通 yìkǎtōng'이라고 하는 교통 카드를 사용하는데, 이 카드를 만들면 기본요금이 2위안인 버스를 4마오우리 돈 80원의 할인된 가격으로 탈 수가 있답니다. 학생용 교통 카드인 경우에는 단돈 2마오우리 돈 40원만 내면 되고요. 참! 중국의 버스 기사는 우리나라처럼 잔돈을 거슬러 주지 않습니다. 그러니까 타기 전에 꼭 1위안짜리 지폐나 동전을 미리 준비하세요.

베이징에는 버스 안내원이 타고 있는 버스가 아직도 많답니다. 버스 안내원은 '쇼우퍄오위엔 售票员 shòupiàoyuán'이라고 부르는데, 무인 결제 시스템이 도입되기 전에는 버스 안을 돌아다니며 승객들에게 일일이 표를 파는 게 이들의 주업무였습니다. 지금은 표를 파는 대신 교통 카드를 잘 찍는지 감시하거나 직접 마이크를 들고 안내 방송을 하기도 합니다. 또 노인이나 임산부가 버스에 타면 다른 승객에게 자리를 양보해 줄 것을 강하게(?) 권고하기도 하고요. 앞으로 버스 안내원이 점점 사라질 거라고 하는데 이들이 없는 베이징 버스는 앙꼬 없는 찐빵처럼 허전하지 않을까요?

# Chapter 2  Conversation



닌 취 날?

**A** 您去哪儿[1]？

Nín qù nǎr?

어디로 모실까요?

취 왕푸징.

**B** 去王府井[2]。

Qù Wángfǔjǐng.

왕푸징으로 가 주세요.

하오 레이!

**A** 好嘞[3]！

Hǎo lei!

알겠습니다.

따오 왕푸징 야오 뚜어창 스지엔?

**B** 到王府井要多长时间[4]？

Dào Wángfǔjǐng yào duōcháng shíjiān?

왕푸징까지 가는 데 얼마나 걸리나요?

따가이 얼스 펀종 주어요우.

**A** 大概20分钟左右[5]。

Dàgài èrshí fēnzhōng zuǒyòu.

대충 20분 정도요.

칭 진량 콰이 이디얼!

**B** 请尽量快一点儿[6]！

Qǐng jǐnliàng kuài yìdiǎnr!

최대한 빨리 가 주세요.

워 진량 바!

**A** 我尽量吧[7]！

Wǒ jǐnliàng ba!

최대한 노력해 볼게요.

씨에시에!

**B** 谢谢！

Xièxie!

감사합니다.

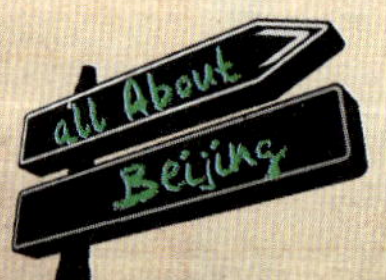

1
닌您 nín은 당신이라는 뜻으로, 니你 nǐ의 높임말이에요. 취去 qù는 가다, 날哪儿 nǎr은 어디의 뜻입니다.

2
"어디어디에 가 주세요."란 말을 할 때는, 목적지 앞에 가다란 뜻의 취去 qù를 쓰거나 또는 도착하다란 뜻의 따오 到 dào를 사용합니다. "취 지창. 去机场。Qù jīchǎng. 공항에 가 주세요", "따오 티엔안먼 광창. 到天安门广场。 Dào Tiān'ānmén Guǎngchǎng. 천안문 광장으로 가 주세요."처럼 말이에요.

3
"하오 레이! 好嘞! hǎo lei!"는 베이징 토박이들이 즐겨 쓰는 베이징 사투리로, 우리말의 "좋아요", "오케이"의 뜻입니다.

4
따오到 dào는 ~까지, 야오要 yào는 필요하다, 뚜어창 스지엔多长时间 duōcháng shíjiān은 얼마나 많은 시간의 뜻입니다.

5
따까이 大概 dàgài는 대략, 펀종 分钟 fēnzhōng은 분(minute), 주어요 우左右 zuǒyòu는 방향을 나타내는 좌우가 아니라 가량, 안팎의 뜻이에요.

6
칭请 qǐng은 영어 'please'와 같이 상대방에게 어떤 일을 부탁할 때 쓰는 경어입니다. 진량尽量 jǐnliàng은 되도록이면, 가능한 한 최대로의 뜻입니다. 콰이 이디얼 快一点儿 kuài yìdiǎnr에서 콰이 快 kuài는 빠르다, 이디얼一点儿 yìdiǎnr은 좀, 약간의 뜻입니다.

7
"워 진량 바! 我尽量吧! Wǒ jǐnliàng ba!"란 문장에는 "제가 최선을 다할게요.", "최대한 힘껏 노력해 볼게요!"란 의미가 내포되어 있습니다.

택시를 잡고 싶은데요.

워 야오 다처!
我要打车！
Wǒ yào dǎchē!

공항으로 가 주세요.

따오 지창!
到机场！
Dào jīchǎng.

주소를 드릴게요.

게이 니 띠즈.
给你地址。
Gěi nǐ dìzhǐ.

직진해 주세요.

이즈 저우!
一直走！
Yìzhí zǒu!

좌(우)회전해 주세요.

왕 주어(요우) 과이.
往左(右)拐。
Wǎng zuǒ(yòu) guǎi.

유턴해 주세요.

칭 띠아오 거 토우.
请掉个头。
Qǐng diào ge tóu.

다 왔어요!

따오 러!
到了！
Dào le!

여기서 세워 주세요!

카오 비엔 팅처!
靠边停车！
Kào biān tíngchē!

저 잔돈 없는데요.

워 메이요우 링치엔.
我没有零钱。
Wǒ méiyǒu língqián.

영수증 한 장 끊어 주세요.

칭 게이 워 파퍄오.
请给我发票。
Qǐng gěi wǒ fā piào.

## 중국 택시 기사는 돈을 받으면 하늘에 비춰 본다?

중국의 택시 기사들은 손님이 100위안이나 50위안짜리 지폐로 요금을 계산하면 돈을 하늘에 비춰 보는 습관이 있습니다. 그 이유는 돈이 진짜인지 가짜인지를 구별하기 위해서죠. 중국에는 '지아삐 假币 jiǎbì'라고 하는 위조지폐가 시중에 꽤 많이 유통되고 있거든요. 위폐 중에는 고액권인 100위안이나 50위안이 제일 많지만 10위안이나 5위안 같은 소액권 지폐도 가짜가 많답니다. 심지어는 1위안짜리 동전도 가짜가 있고요.

저도 개인적으로 위조지폐를 많이 봤는데요, 자세히 만져 보면 촉감이 진짜와는 사뭇 달라 조금만 주의하면 금방 가려낼 수가 있습니다. 그럼 제가 간단하면서도 쉬운 위폐 감별법을 알려 드릴게요. 먼저 100위안짜리 지폐를 하늘에 비춰 보면 여백에 숨은 마오쩌둥의 그림이 나타납니다. 그리고 인민복을 입은 마오쩌둥의 왼쪽 어깨 부분을 만져 보면 감촉이 매끈한 다른 부분과 달리 울퉁불퉁함을 느낄 수가 있죠. 만약 택시 기사가 잔돈을 거슬러 줄 때 지폐의 느낌이 조금 이상하다 싶으면 망설이지 마시고 다른 지폐로 교환해 줄 것을 요구하세요. 중국어로 "교환해 주세요!" 란 말은 "환 이시아! 换一下! Huàn yíxià!"라고 합니다.

중국에서는 정식 허가를 받지 않고 자가용으로 불법 영업을 하는 택시를 가리켜 '검은 차'란 뜻의 '헤이처 黑车 hēichē'라고 합니다. 베이징에는 이 헤이처가 무척 많은데요, 공항·기차역·지하철역, 특히 한국 교민들이 많이 모여 사는 '왕징 望京 Wàngjīng' 지역에 가면 길게 늘어서 있는 헤이처를 쉽게 볼 수가 있습니다. 어떤 헤이처 기사들은 한국 사람을 보면 우리말로 "택시! 택시!"를 외치며 호객 행위를 하거나 한글로 된 명함을 나눠 주기도 합니다.

헤이처의 기본 요금은 일반 택시와 똑같이 10위안우리 돈 2,000원이에요. 하지만 미터기로 요금을 계산하는 게 아니라 기사와 흥정을 해서 요금을 정하기 때문에, 차가 막힐 때는 택시보다 조금 저렴할 수도 있어요. 그래서 저도 공항에 손님을 픽업나간다거나 만리장성 같은 교외로 나갈 때 헤이처를 종종 이용하곤 합니다.

하지만 베이징에 처음 오신다면 헤이처를 가급적 피하시는 게 좋습니다. 왜냐하면 아무래도 불법 영업 택시이다 보니 사고가 났을 때 보험 처리도 받을 수 없고, 또 강도 같은 각종 범죄에 쉽게 노출이 될 수도 있거든요. 실제로 제 주위에도 헤이처를 탔다가 곤욕을 치른 사람들이 있었고, 또 유학생이 납치가 됐다거나 사고를 당했다는 피해 사례가 심심치 않게 들리거든요. 그러니 베이징에 오시면 꼭 지붕 위에 'TAXI'라고 쓰여진 정식 택시를 잡도록 하세요.

# 중국에는 카카오 택시의 원조가 있다?

중국에서는 3~4년 전부터 콜택시 어플이 보편화되었습니다. 베이징의 7만여 명의 택시 운전기사 중 이런 앱을 안 쓰는 기사는 단 한 명도 없을 정도입니다. 특히 알리바바 자회사인 '콰이디다처 快的打车 Kuàidīdǎchē'와 큐큐 메신저로 유명한 텅쉰의 '디디다처 滴滴打车 Dīdīdǎchē'가 이 업계의 양대산맥! 현재는 이 두 회사가 합병을 해 중국 전체 시장 점유율의 99.8%를 차지하고 있답니다. 중국에서 이 두 어플에 가입한 이용자 수만 거의 2억 명에 달하니 소위 '인민 어플'이라 해도 손색이 없겠죠?

사용법은 무척 간단합니다. 바이두 검색에서 어플을 다운받아 설치, 실행 후 목적지를 입력하면 내 주위에 있는 택시 수가 뜨고, 나의 위치가 자동으로 전송돼 가장 가까운 곳의 기사가 곧바로 연락을 취해 옵니다. 어플에는 차량 번호와 기사 핸드폰 번호까지 뜨니 행여 짐을 놓고 내려도 찾기 쉽고 여성 혼자 탑승 시 불안감을 덜어 줍니다. 택시 잡기 어려운 날, 5~10위안의 팁 지불 시스템을 이용하면 더욱 잽싸게 달려옵니다. 요금 결제는 현금도 되고, '즈푸바오 支付宝 Zhīfùbǎo'라 불리는 알리페이 혹은 '웨이신 페이 微信支付 Wēixìnzhīfù'라 불리는 위챗 페이로도 가능합니다. 중요한 비즈니스 접대나 택시가 정~말 안잡힐때는 '디디좐처 滴滴专车 Dīdīzhuānchē' 혹은 '이하오좐처 一号专车 Yīhàozhuānchē' 같은 프리미엄 개인 기사 서비스를 이용할 수도 있습니다. 요금은 일반 택시에 비해 2~3배 정도 비싸지만 BMW5, 아우디A6 같은 고급 차에 양복 입은 기사의 고품격 서비스를 받을 수 있답니다.

중국은 미국을 제치고 연간 2천만 대 이상의 자동차를 생산 및 판매하는 세계 최고의 자동차 시장이 되었습니다. 너도나도 차를 사다 보니 베이징은 끔찍한 교통 혼잡은 말할 것도 없고 세계 최악의 스모그 도시라는 오명을 얻었습니다. 이에 중국 정부는 2011년부터 극약 처방을 내놓게 되는데 그것이 바로 '치처 야오하오 汽车摇号 qìchēyáohào' 라 불리는 자동차 번호판 추첨제입니다. 차를 살 형편이 돼도 번호판 추첨에 당첨되지 않으면 운전을 할 수 없는, 중국만의 독특한 교통 정책이죠. 매달 로또 같은 추첨을 통해 2만 개의 번호판을 배포하는데 그 경쟁률이 참 높습니다. 베이징의 경우 당첨률이 0.15%로, 이는 665명의 참가자 중 딱 1명만이 당첨된다는 뜻이죠. 정말이지 로또 당첨보다 어렵다는 하소연이 나올 만도 합니다. 하지만 기약 없이 당첨될 날을 기다릴 순 없으니 번호판을 불법으로 임대 및 매매하는 갖은 편법도 등장합니다. 타인 명의의 차 번호판을 임대하면 보통 5년~10년 단위로 계약을 하는데 약 10~15만 위안우리 돈 2천만 원~3천만 원 정도의 비용을 지불해야 합니다. 이 추첨제는 베이징, 광저우, 톈진 같은 대도시를 위주로 실행 중이고, 상하이의 경우 추첨제가 아닌 경매 방식으로 차량 수를 제어하고 있답니다. 돈이 있어도 차를 살 수 없는 나라 중국. 참 재미있죠? ^^

# 중국 길거리에는 아우디가 차고 넘친다?

친구나 지인들이 베이징에 놀러오면 제게 꼭 빠뜨리지 않고 던지는 질문이 한 가지 있어요. "아니 도로에 아우디가 왜 이렇게 많아? 중국에는 부자가 참 많은가 봐?" 그러면 저는 "당근~ 많지. 근데 부자가 많기도 하지만 다른 이유도 있어."라고 대답을 하죠. 베이징의 도로에서는 벤츠 · 아우디 · 렉서스 · BMW 같은 고급 승용차는 물론이고, 포르쉐 · 페라리 같은 스포츠카도 흔하게 볼 수가 있어요. 길에 깔린 게 아우디라는 우스갯소리가 있을 정도지요.

제 생각에는, 중국에 외제차가 많은 이유가 부유한 중국인이 많아서이기도 하고, 또 겉모습을 중시하는 중국인의 체면 문화 때문이기도 한 것 같아요. 실제로 돈은 별로 없지만 남에게 자기의 부를 과시하려고 무리를 해서라도 크고 좋은 차를 타는 경우도 많거든요. 그래서 중국에서는 소형차 시장은 점점 줄어드는 반면 중형차나 수입차의 판매량은 점점 늘고 있다고 해요. 현재 중국에는 아우디 · 폴크스바겐 · 도요타 · BMW 등 많은 외국 회사들의 현지 생산 공장이 있는데요, 중국에서 생산된 외제차라도 가격이 그렇게 싸지만은 않답니다. 현대자동차의 현지 법인에서 생산한 쏘나타3의 경우 13~15만 위안, 우리 돈으로 환산하면 2,600~3,000만 원 정도 하거든요. 환율을 감안한다면 중국에서 쏘나타는 한국의 그랜저와 동급인 셈이죠.

**카드 하나로 모든 게 통한다 _ "이카통"**

베이징은 대중교통 체계가 우리나라 못지않게 잘 갖춰져 있습니다. 베이징에서 장기간 여행을 하거나 체류한다면 꼭 '이카통一卡通 yìkǎtōng'이라고 불리는 교통 카드를 만들도록 하세요. "카드 하나로 모든 게 통한다."라는 뜻의 이름처럼 이카통 한 장이면 버스 · 지하철은 물론이고, 택시 요금까지 OK입니다! 특히 버스를 탈 경우 1위안인 버스 요금을 0.4위안, 학생 교통 카드인 경우 0.2위안의 할인된 가격으로 이용할 수가 있답니다. 단, 지하철 요금은 할인이 되지 않아요. 잠깐! 22곳의 가맹 영화관에서 영화 티켓을 교통 카드로 결제할 수도 있습니다.

## 1. 어디서, 어떻게 만들까?

이카통은 버스 정류장(주로 종점)이나 지하철역 매표소, 우체국 등에서 구입할 수 있는데, 버스 정류장보다는 지하철역에서 사는 것이 훨씬 편리하다. 이카통 발권처는 베이징에 700여 곳이 있는데 '市政交通一卡通 shìzhèng jiāotōng yìkǎtōng 스쩡 지아오통 이카통'이란 간판이 붙어 있다. 카드를 살 때는 20위안(우리 돈 4천 원)의 보증금을 내야 하고, 첫 충전 금액은 10위안(우리 돈 2천 원) 이상 되어야 한다. 유학생인 경우에는 학교 유학생 사무실에서 확인 도장을 받아 오면 학생용 교통 카드를 만들 수가 있다.

## 2. 어떻게 충전할까?

버스 정류장 부근이나 지하철 매표소, 24시간 편의점에서 충전할 수가 있는데, 역시 지하철역에서 충전하는 게 가장 편리하다. 요금 충전이 가능한 곳에는 '꽁지아오 총즈디엔 公交充值点 gōngjiā chōngzhídiǎn 대중교통 충전소'이란 표시가 붙어 있다. 충전은 10위안 · 20위안 · 30위안… 이렇게 10위안 단위로 충전이 가능하며 매표원에게 돈을 주고 "워 야오 총즈. 我要充值。 Wǒ yào chōngzhí. 충전하고 싶은데요." 라고 말하면 된다.

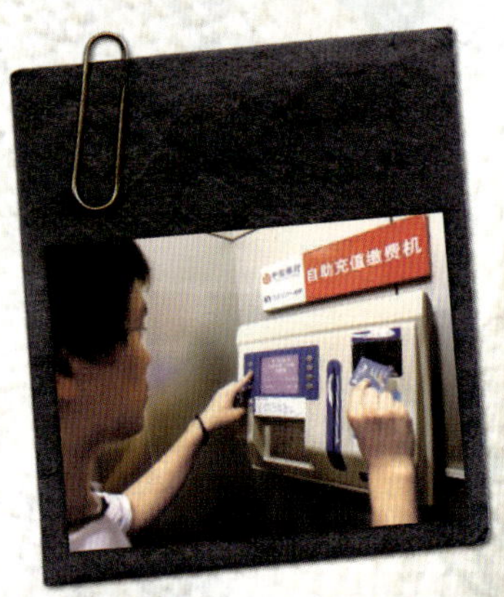

## 3. 교통 카드를 반환하려면?

교통 카드를 반환하면 카드를 만들 때 냈던 보증금 20위안과 남은 금액을 돌려받을 수 있다. 만약 카드에 남은 금액이 100위안(우리 돈 2만 원)을 초과하면 10%의 수수료를 추가로 제한다.

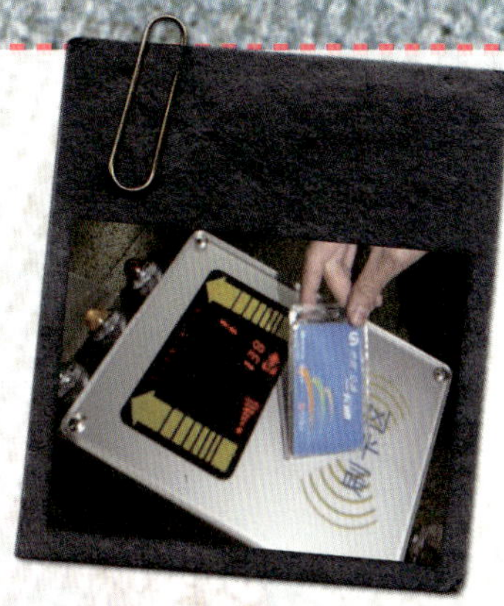

## 4. 교통카드로 버스를 탈 때 주의할 점은?

기본요금 1위안인 버스 말고 거리에 따라 요금이 추가로 적용되는 버스를 탈 때는 탈 때 한 번, 내릴 때 한 번, 이렇게 두 번 카드를 찍어야 한다. 그렇지 않고 탈 때 한 번만 찍을 경우, 그 버스 노선의 제일 장거리로 요금이 계산되기 때문. 이러한 버스는 카드 단말기가 앞문에 1개, 내리는 문에 1개, 이렇게 2곳에 설치되어 있다. 중국 버스가 처음인 사람들은 얼떨결에 내릴 때 카드 찍는 걸 깜빡하는 경우가 종종 있는데, 절대 잊지 마시길.

# Part 3

in beijing

만한전석을
찾아서~

# Beijing Story



'중국' 하면 많은 분들이 제일 먼저 화려한 음식 문화를 떠올리실 겁니다. 중국은 프랑스·터키와 더불어 세계 3대 요리 왕국이라 불리고 있죠. 우리는 중국 요리라고 하면 주로 자장면이나 짬뽕, 탕수육 같은 음식만 떠올리기가 쉬운데, 실제 중국 음식은 중국에서 10년 넘게 생활해 온 저도 아직 구경조차 못 해 본 요리가 많을 정도로 그 종류가 다양하답니다.

중국의 수도 베이징만 해도 자장면 炸酱面 zhájiàngmiàn 자장미엔과 오리구이 烤鸭 kǎoyā 카오야, 그리고 명·청 시대 궁중 요리로 대표되는 전통 베이징식 요리 등이 유명하죠. 그뿐만 아니라, 입을 톡 쏘는 매운맛이 특징인 쓰

중국에는 매년 음력 12월 31일이 되면 온 가족이 옹기종기 모여 다같이 식사를 하는 문화가 있는데, 이때 먹는 식사를 한 해의 마지막 저녁에 먹는 식사라 하여 '니엔여판 年夜饭 niányèfàn'이라고 합니다. 이때가 되면 고급 식당이나 호텔에서는 저마다 특별한 니엔여판을 준비하는데, 얼마 전 베이징의 한 호텔에서는 1인당 1만 위안우리 돈 200만 원 의 초호화 만찬을 선보여 화제가 되기도 했죠. 메뉴로는 상어 지느러미·제비집·바닷가재·전복·일본 고베산 소고기 등 갖은 호화 요리가 등장한다고 하네요. 이에 질세라 광둥 지방에선 한 상에 19만 위안우리돈 3천 8백만원이나 하는 초호화 니엔여판이 등장해 사회적 논란을 불러일으키기도 했어요. 저녁 식사 한 끼에 수백만 원의 거금을 아낌없이 투자하는 중국 부자들, 정말 통이 크지 않나요?

촨 지방 요리 '촨차이 川菜 Chuāncài', 땅에 있는 네 발 달린 것은 책상만 빼고 다 먹고, 하늘에 날아다니는 것은 비행기만 빼고 전부 식재료로 삼는다는 광둥 지방의 '광둥차이 广东菜 Guǎngdōngcài', 양고기로 만든 꼬치구이가 유명한 신장 위구르족 자치구의 '신장차이 新疆菜 Xīnjiāngcài'까지 다양한 지방의 음식을 맛볼 수가 있습니다.

중국을 처음 방문하는 한국 사람들은 중국의 물가가 우리나라보다 상대적으로 싸니까 중국에서 파는 음식도 굉장히 쌀 거라고 생각합니다. 물론 서민들이 애용하는 식당이나 만두包子 bāozi빠오즈, 수타면拉面 lāmiàn라미엔 등을 파는 분식점 小吃店 xiǎochīdiàn샤오츠디엔의 음식 값은 저렴하지만, 한 사람당 중국 돈 1,000위안우리 돈 20만 원 이상 써야 한 끼를 제대로 먹을 수 있는 럭셔리한 고급 식당도 많이 있답니다. 그러니까 중국 음식은 모두 저렴할 것이라고 생각하고 오시면 큰코(?)다치실 수도 있습니다.

제가 베이징에서 제 돈(?) 내고 갔던 식당 중 가장 비싼 곳은 '이진위엔 伊锦园 Yījǐnyuán'란 곳이었죠. 식당 입구에는 장동건의 사진과 친필 사인이 걸려 있었는데, 종업원에게 물으니 영화 〈무극〉 촬영팀이 이곳에서 뒤풀이를 했었다고 해요. 평범해 보이는 외관과는 달리, 실내 인테리어는 마치 황궁의 연회장을 그대로 옮겨 놓은 듯 호화로웠고, 금도금된 수저와 젓가락을 비롯한 모든 소품이 화려하기 그지없었답니다. 그때 일행이 모두 6명이어서 조용한 방을 달라고 했더니, 최소한 3,000위안우리 돈 60만 원 이상 주문을 해야 방에 들어갈 수 있다고 하더군요. 요리의 가격도 단연 압권! 비싼 해산물은 거들떠보지도 않고 간단한 볶음 요리 몇 개와 맥주, 그리고 공기밥만 먹었는데도 1,500위안우리 돈 30만 원 정도가 나왔어요. 이날 저희 일행은 굶주린(?) 배를 채우기 위해 꼬치구이 노점으로 2차를 가야 했답니다.

중국 사람들은 식당을 '판관 饭馆 fànguǎn' 또는 '찬팅 餐厅 cāntīng' 이라고 부릅니다. 한국에 있는 중국 음식점 간판을 보면 '○○반 점'이라고 해서 이름 끝에 '반점'을 붙이는데 중국에서 반점 饭店 fàndiàn판디엔은 음식점이 아니라 고급 호텔을 가리키는 말이랍니다.

우선 중국 식당에 들어가면 중국 전통 의상인 '치파오 旗袍 qípáo'를 입은 여성 종업원이 큰 소리로 "환잉 꽝린! 欢迎光临! Huānyíng guānglín!"이라고 외치는 소리를 들으실 수 있습니다. '환잉 欢迎 huānyíng'은 우리말의 '환영합니다'이고, '꽝린 光临 guānglín'은 '왕림하다'의 뜻으로, '환 잉 꽝린'은 우리말의 "어서 오세요!"에 해당하는 중국식 인사말입니다.

중국에서는 식당에서 서비스를 담당하는 종업원을 '푸우위엔 服务员 fúwùyuán'이라고 부릅니다.종업원을 부를 때는 "푸우위엔!" 하고 외치시면 되겠죠? 식 당에 들어가면 종업원이 "닌 지 웨이? 您几位? Nín jǐ wèi?몇 분이세요?"라고 물 어보고 자리를 안내해 줍니다. 사람이 적으면 일반 사각형의 테이블로, 사 람이 많으면 보통 5~6명 이상 동그란 유리판이 빙빙 돌아가는 커다란 원형 테 이블로 자리를 마련해 준답니다. 음식이 맛있기로 입소문이 난 식당의 경우 손님들이 많아 대기표를 받고 기다려야 하는 경우도 있어요.

손님이 자리에 앉으면 종업원이 메뉴판 菜单 càidān차이딴을 들고 와서 식사 전에 어떤 차 茶 chá차 를 마실 건지 물어봅니다. 중국에서는 식사 전에 물 대신 차를 제공하거든요. 차 메뉴판도 별도로 준비되어 있어 국화차 菊花茶 júhuāchá쥐화차, 재스민 차 花茶 huāchá화차, 우롱차 乌龙茶 wūlóngchá우롱차, 보

앞서 말씀드렸듯이 중국어서 반점饭店 fàndiàn판디엔은 음식점이 아니에요. 베이징 최대 번화가 왕푸징에 위치한 특급 호텔인 베이징 호텔을 중국에서는 베이징 판디엔北京饭店 Běijīng Fàndiàn'이라고 합니다. 그리고 대주점大酒店 dàjiǔdiàn따지우디엔이란 말도 얼핏 들으면 술을 파는 술집 같지만 이 또한 특급 호텔을 가리킨답니다. 힐튼 호텔은 '시얼뚠 따지우디엔希尔顿大酒店 Xī'ěrdùn Dàjiǔdiàn', 그랜드 하얏트 호텔은 '똥팡 쥔위에 따지우디엔东方君悦大酒店 Dōngfāng Jūnyuè Dàjiǔdiàn'이라고 하지요.





이차普洱茶 pǔ'ěrchá푸얼차 등 다양한 종류의 차를 주문할 수 있죠.

하지만 이런 차들은 공짜가 아니니까, 특별히 선호하는 차가 없으면 그냥 공짜 차를 뜻하는 '미엔페이 차쉐이免费茶水 miǎnfèi cháshuǐ'를 달라고 하시면 됩니다. 공짜 차로는 보통 재스민 차를 주는데, 맛은 조금 떨떠름하지만 그런대로 마실 만하답니다. 안타깝게도 요즘은 공짜 차를 주는 식당이 점점 줄어들고 있어요. 예전엔 어딜 가나 공짜 차를 무한 리필해 줬었는데, 이젠 찻물까지 돈을 받더라고요. 중국에서 누릴 수 있는 사소한 행복이 점점 사라지는 느낌이에요.

**요리 주문하기**

음식 종류가 워낙 다양하다 보니 막상 식당에 가서 우리말도 아닌 중국어로 음식을 시킨다는 게 여간 어려운 일이 아니겠죠? 저 또한 처음 중국에 갔을 때 한자가 잔뜩 쓰인 메뉴판을 뚫어지게 쳐다보다가 결국에는 엉뚱한 음식을 시켜서 젓가락 한 번 못 대 보고 나온 적이 많았으니까요. 재미있는 것은, 중국어를 잘하는(?) 중국 사람들도 음식 주문은 어려워한다는 점입니다. 최근에는 손님의 기호에 맞게 음식 주문을 도와주는 별난 도우미까지 등장했거든요.

그럼 이제 본격적으로 메뉴판을 보고 '디엔차이点菜 diǎncài음식을 주문하다'해 볼까요? 종업원이 가져다주는 커다란 메뉴판菜单 càidān차이딴을 펼치면, 먼저 데우지 않은 순두부나 오이 무침 같은 차가운 요리凉菜 liángcài량

차이 섹션이 나옵니다. 이어서 불에 볶거나 기름에 튀긴 **뜨거운 요리** 热菜 rècài러차이, 쇠고기나 돼지고기 등의 **육류 요리** 肉类 ròulèi로우레이, **야채 요리** 蔬菜 shūcài슈차이, 우리나라의 전골이나 국에 해당하는 **국물 요리** 汤 tāng탕, 그리고 식당에서 제일 자신 있게 추천하는 **특선 요리** 特选菜 tèxuǎncài터쉬엔차이 등 100가지가 넘는 음식이 한 메뉴판 안에 일목요연하게 정리되어 있습니다. 다행히 요즘은 베이징에 있는 대부분의 식당 메뉴판에 커다란 요리 사진이 실려 있어 중국어를 잘 몰라도 음식 주문하는 데 큰 어려움은 없답니다.

중국 사람들은 보통 차가운 요리, 육류 요리, 야채 요리, 국물 요리, 특선 요리에서 각각 한두 가지씩 선택해서 주문합니다. 제 경우에는 사람 수에 맞춰 요리 가짓수를 정하는데요, 보통 '사람 수+1'로 주문합니다. 사람 수가 2명이면 3가지, 4명이면 5가지 요리를 시키는 거죠. 차가운 요리를 제외한 나머지 요리들은 양이 많은 편이라서, 너무 많이 주문할 경우 음식이 많이 남을 수도 있답니다.

음식 주문이 거의 끝나갈 무렵 종업원이 "**주식은 무엇으로 하시겠어요?** 您要点什么主食呢? Nín yào diǎn shénme zhǔshí ne?닌 야오 디엔 션머 주스 너?"라고 물어보는데, 이것은 우리로 치자면 반찬 격인 요리는 다 주문했으니 밥을 시키라는 의미로 이해하시면 됩니다. 주식으로는 **쌀밥** 米饭 mǐfàn미판, **볶음밥** 炒饭 chǎofàn차오판, **국수** 面条 miàntiáo미앤티아오, **물만두** 水饺子 shuǐjiǎozi쉐이쟈오즈 등이 있습니다.



음식을 시키실 때 한 가지 주의해야 할 점이 있어요. 중국 사람들은 식당에서 밥을 먹을 때 우리처럼 요리와 밥을 같이 먹지 않는 경우가 많습니다. 요리는 주로 맥주나 이과두주 같은 술과 함께 먹고, 밥이나 국수, 물만두 같은 주식은 후식의 개념으로 먹는 게 보통이거든요. 우리와는 조금 다른 식사 문화죠? 그렇기 때문에 밥米饭 mǐfàn미판을 시키면 요리가 나오고 한참 후에야 나오는 경우가 많아요. 그러니까 요리를 주문할 때 "밥을 먼저 가져다 주세요!"란 뜻의 "시엔 샹 미판. 先上米饭。 Xiān shàng mǐfàn." 이란 말을 꼭 하도록 하세요. 안 그러면 맛있는 요리 없이 맨밥을 먹을 수도 있답니다.

계산서 주세요.
마이딴!
买单!
Mǎidān!

　주문한 음식을 맛있게 먹었으면 이제 계산할 차례겠죠? 음식 값을 계산할 때는 손을 살짝 들어 종업원을 부른 다음, 계산서란 뜻의 "마이딴 买单 mǎidān"을 크게 외치시면 됩니다. 돈은 앉은 자리에서 종업원에게 바로 건네도 되고, 직접 계산대 钱台 qiántái 치엔타이에 가서 계산을 하셔도 됩니다. 베이징은 대도시임에도 불구하고 아직 카드로 음식 값을 결제하는 문화가 별로 없답니다. 아주 큰 고급 식당을 제외하곤 카드 결제 刷卡 shuākǎ 슈아 카가 안 되는 곳이 많으니 주의를 해야겠죠?

　아참! 중국 사람들은 식당에서 먹다 남은 음식을 집으로 싸 가지고 가는 경우가 대부분이에요. 그러니까 여러분도 남은 음식을 포장해 가고 싶으면 눈치(?) 보지 마시고 종업원에게 "다빠오 이시아! 打包一下! Dǎbāo yíxià! 포장해 주세요!"라고 당당하게 말하세요. 그러면 종업원이 일회용 도시락 용기를 가져와 남은 음식을 일일이 직접 담아 준답니다.

　중국 음식을 말할 때 절대 빼놓을 수 없는 것이 바로 중국식 샤브샤브인 '훠궈 火锅 huǒguō'입니다. 훠궈는 펄펄 끓는 육수 국물에 고기와 야채, 해산물 등의 재료를 살짝 데쳐서 먹는, 중국 사람들의 사랑을 듬뿍 받고 있는 요리입니다. 중국에서는 특히 쓰촨성 충칭 重庆 Chóngqìng 지방의 매콤한 훠궈가 제일 유명한데, 이곳에 가면 한여름

에도 땀을 뻘뻘 흘리며 훠궈를 먹는 사람들을 쉽게 볼 수 있답니다.

　훠궈 전문점에 가면 음식을 시키기도 전에 기가 팍 죽는 경우가 많아요. 중국 식당은 우리와 달리 세트 메뉴의 개념이 없어서 육수부터 소스까지 모든 재료를 하나하나 직접 골라야 하는데, 메뉴판에는 사진 한 장 없이 한자만 빽빽하게 적혀 있거든요. 100가지가 넘는 메뉴를 보고 입에 딱 맞는 재료를 고르기는 정말 쉽지 않겠죠? 그럼 훠궈 가게에서 음식을 똑 소리 나게 시키는 방법을 자세히 알려 드릴게요.

　먼저 각종 재료를 데쳐 먹을 국물이 담긴 화로를 선택해야 하는데요, 이 화로를 '구어디 锅底 guōdǐ'라고 합니다. 저는 보통 하나의 화로를 태극 모양으로 둘로 나눠 한쪽에는 흰색의 담백한 국물 清汤 qīngtāng 칭탕, 다른 쪽에는 쓰촨 고추와 산초 열매를 넣어 만든 매콤한 국물 红汤 hóngtāng 홍탕이 들어 있는 원앙 화로 鸳鸯锅底 yuānyāng guōdǐ 위엔양 구어디를 선택합니다. 왜냐하면 '원앙'이란 이름대로 하나의 화로에서 담백한 맛과 매콤한 맛의 오묘한 조화를 느낄 수가 있거든요.

　다음에는 국물에 넣을 재료를 선택해야 하겠죠? 우선 메인 재료가 되는 고기류를 선택해야 하는데요, 소고기 牛肉 niúròu 니우로우 도 좋지만 훠궈에는 역시 양고기 羊肉 yángròu 양로우가 제격입니다. 얇게 썰어진 양고기는 특유의 냄새가 전혀 나지 않아 걱정하지 않고 드셔도 됩니다. 가격은 조금 비싸지만 좀더 부드러운 맛이 나는 소고기인 '페이니우로우 肥牛肉 féiniúròu'도 제가 즐겨 먹는 메뉴이고요.



저는 자칭 훠궈 마니아인데요. 훠궈의 원조 격인 충칭 지역에 갔을 때는 당연히 매일 요 훠궈를 먹었답니다. 그곳의 훠궈는 너무나 매운 나머지 먹고 나면 항상 뒤끝(?)이 있거든요. 그런데도 또 찾게 되는 걸 보면 무서운 중독성이 있는 음식인 것 같아요. 중국에서 훠궈를 드실 때는 시원한 맥주보다는 도수가 높은 배갈 白酒 báijiǔ 바이지우와 함께 드세요. 그리고 김치의 역할을 하는 마늘쫑 糖蒜 tángsuàn 탕쑤안과 고추 절임 野山椒 yěshānjiāo 예샨쟈오을 따로 주문해서 드시면 느끼함이 많이 가신답니다.

두 가지 국물을 함께 맛볼 수 있는 원앙 화로

고기 다음으로는 야채를 골라야 하는데 야채 종류가 워낙 많다 보니 어떤 걸 시켜야 할지 무척 고민되실 거예요. 훠궈 마니아인 제가 추천해 드리는 다음 메뉴를 한번 드셔 보세요. 팽이버섯 金针菇 jīnzhēngū 찐쩐구, 배추 白菜 báicài 바이차이, 시금치 菠菜 bōcài 뽀차이, 썬 감자 土豆片 tǔdòupiàn 투또우피엔, 이렇게 4가지랍니다. 해산물은 가격이 비교적 비싸기 때문에 새우 완자 虾丸 xiāwán 시아완, 어묵 鱼丸 yúwán 위완 같은 메뉴를 시키면 무난하답니다. 그 밖에 절대 빠질 수 없는 메뉴가 바로 얼린 두부 冻豆腐 dòngdòufu 똥또우푸와 굵은 당면 粉条 fěntiáo 펀탸오입니다. 감초 역할을 톡톡히 하는 완소 재료죠.

마지막으로 소스를 선택하는데, 훠궈엔 뭐니 뭐니 해도 고소한 맛이 나는 참깨 소스 麻酱 májiàng 마장가 제일 어울립니다. 중국 사람들은 참깨 소스에 향이 강한 '샹차이 香菜 xiāngcài 고수'를 넣어 먹지만, 샹차이 대신 다진 파 葱末 cōngmò 총모를 달라고 해서 넣으시면 우리 입맛에는 훨씬 잘 맞는답니다.

훠궈에 넣을 양고기

# Conversation

식당에서 요리 주문하기

환잉 꽝린! 닌 지 웨이?

**A** 欢迎光临！您几位?

Huānyíng guānglín! Nín jǐ wèi?

어서 오세요. 몇 분이세요?

량 웨이.

**B** 两位[1]。

Liǎng wèi.

두 명이요.

닌 야오 디엔 선머 차이?

**A** 您要点什么菜?

Nín yào diǎn shénme cài?

어떤 음식을 주문하시겠어요?

라이 이 펀 '꿍바오지딩' 허 '찡쟝로우쓰'.

**B** 来一份"宫保鸡丁"和"京酱肉丝"[2]。

Lái yí fèn 'gōngbǎojīdīng' hé 'jīngjiàngròusī'.

'꿍바오지딩' 하나랑 '찡쟝로우쓰' 주세요.

닌 하이 야오 선머 차이?

**A** 您还要什么菜[3]?

Nín hái yào shénme cài?

더 시키실 음식이 있나요?

니먼 요우 선머 터써차이?

**B** 你们有什么特色菜?

Nǐmen yǒu shénme tèsècài?

여기서 제일 잘하는 음식이 뭐예요?

워먼 더 카오야 부추어.

**A** 我们的烤鸭不错[4]。

Wǒmen de kǎoyā búcuò.

저흰 오리구이가 맛있어요.

하오, 야오 이 펀.

**B** 好，要一份[5]。

Hǎo, yào yí fèn.

좋아요. 하나 주세요.

1
똑같이 둘이란 뜻을 나타내는 량两 liǎng과 얼二 èr의 쓰임을 혼동하는 경우가 많은데, 양사 앞에는 二이 아닌 两을 써야합니다. 웨이位 wèi는 분, 명이란 뜻의 사람을 세는 양사이므로, 여기서는 两을 써야겠죠?

2
닌您 nín은 당신의 뜻으로, 니你 nǐ의 높임말입니다. 하이还 hái 는 또, 더, 야오要 yào는 필요하다, 션머什么 shénme는 무엇, 차이菜 cài는 음식의 뜻이죠. 터써차이特色菜 tèsècài는 식당에서 가장 잘하는 특별 요리를 말하며, 다른 말로는 짜오파이차이 招牌菜 zhāopáicài라고도 합니다.

3
라이来 lái는 오다의 뜻인데요, 그 외에도 식당에서 음식을 주문할 때 ~주세요의 뜻으로도 많이 쓰입니다. 이 펀一份 yí fèn은 한 접시, 1인분의 뜻인데, 여기서 份(儿)은 양, 몫을 세는 양사이며 주로 음식을 주문할 때 음식 이름 앞에 붙여 사용합니다. 쓰촨식 닭고기 요리인 꽁바오지딩 宫保鸡丁 gōngbǎojīdīng과 얇게 썬 돼지고기를 춘장에 볶은 찡쟝로우쓰 京酱肉丝 jīngjiàngròusī 는 외국인이 가장 좋아하는 중국 요리 중 하나입니다.

4
워먼我们 wǒmen은 우리, 카오야 烤鸭 kǎoyā는 오리구이, 부추어 不错 búcuò는 뛰어나다, 훌륭하다로 영어 'excellent'와 같은 뜻이어요.

5
하오好 hǎo는 좋다의 뜻으로, 여기서는 네, 좋아요라는 대답으로 쓰였습니다. 야오要 yào는 원하다, 필요하다, 이 펀一份 yí fèn은 한 접시, 1인분이니까 "야오 이 펀. 要一份。"는 "한 접시 주세요."라는 말이 됩니다.

|  |  |
|---|---|
| 여기요! [종업원을 부르는 말] | 푸우위엔!<br>服务员 !<br>Fúwùyuán! |
| 음식을 주문할게요. | 워 야오 디엔 차이.<br>我要点菜。<br>Wǒ yào diǎn cài. |
| 공짜 차로 주세요. | 워 야오 미엔페이 차쉐이!<br>我要免费茶水!<br>Wǒ yào miǎnfèi cháshuǐ! |
| 샹차이는 빼 주세요. | 부야오 샹차이.<br>不要香菜。<br>Búyào xiāngcài. |
| 공기밥 먼저 가져다주세요! | 시엔 샹 미판!<br>先上米饭 !<br>Xiān shàng mǐfàn! |
| 숟가락 하나만 가져다 주세요. | 라이 이 거 샤오즈.<br>来一个勺子。<br>Lái yí ge sháozi. |
| 냅킨 좀 가져다주세요. | 라이 디엔 찬진즈.<br>来点餐巾纸。<br>Lái diǎn cānjīnzhǐ. |
| 음식을 싸 주세요. | 다빠오 이시아!<br>打包一下 !<br>Dǎbāo yíxià! |
| 계산서 주세요. | 마이딴!<br>买单 !<br>Mǎidān! |
| 제가 낼게요. | 워 칭커!<br>我请客 !<br>Wǒ qǐngkè! |

# China talk



## 중국에는 자장면이 있다? 없다?

중국에도 당연히 '자장미엔 炸酱面 zhájiàngmiàn'이라고 불리는 자장면이 있습니다. 하지만 맛은 우리 것과는 무척 다릅니다. 자장미엔은 중국에서도 특히 베이징 사람들이 즐겨 먹는데, 한국식 자장면보다 맛이 훨씬 더 느끼하고 짜다고 보시면 됩니다.

베이징에서는 '라오베이징 자장미엔 따왕 老北京炸酱面大王 Lǎoběijīng Zhájiàngmiàn Dàwáng' 같이 식당 이름 앞에 '원조 베이징'이란 뜻의 '라오베이징 老北京 lǎoběijīng'이 들어간 곳에서 중국식 자장면을 맛볼 수가 있습니다. 이곳에서는 커다란 쟁반에 면과 춘장, 그리고 완두콩 · 샐러리 · 숙주나물 · 다진 파 · 오이 · 무 등 6~7가지 고명이 각각 따로따로 작은 접시에 담겨져 나옵니다.

현재 베이징에는 한국인 주방장이 한국식 중화요리를 하는 음식점이 몇 군데 있는데, 한번은 중국인 친구들이 집에 놀러 왔을 때 한국식 자장면을 배달시킨 적이 있습니다. 난생처음 한국식 자장면을 먹어 본 중국인 친구들의 반응은 "에! 이거 우리 것보다 맛있네."였습니다. 원조 중국식 '자장미엔'은 한 번 먹어 본 걸로 족한 것 같습니다.

제가 처음 중국에서 생활할 때 가장 적응이 안 됐던 게 식당에서 주는 뜨거운 차였습니다. 밥 먹기 전에 시원한 보리차나 생수를 먼저 쭉 들이켜야 제맛인데, 떨떠름한 찻물茶水 cháshuǐ차쉐이을 마시니 오히려 입맛이 떨어지는 느낌이었죠. 30도가 넘어가는 뜨거운 삼복더위에도 입이 델 정도로 뜨거운 차가 나오니 이거 영 죽겠더라고요. 물론 지금은 식사 전에 뜨끈한 차를 마셔야 오히려 속이 편할 정도로 적응이 되었지만 말이에요. 근데 아직도 생수矿泉水 kuàngquánshuǐ쾅취엔쉐이를 돈 받고 파는 건 좀처럼 이해가 안 갑니다. 그냥 정수기 한 대 설치하면 끝날 일인데 물까지 돈을 받다니 좀 너무하죠?

참! 중국 식당에 처음 가시는 분들 중에는 "에! 여긴 왜 밑반찬을 안 주나요?"라고 물어보시는 분들이 많은데. 중국 식당에선 우리와 달리 밑반찬小菜 xiǎocài샤오차이이 공짜로 제공되지 않습니다. 그래서 밑반찬에 해당하는 작은 음식까지 하나하나 따로 주문을 해야 하죠. 저는 가끔 중국인 친구들을 데리고 한국 식당에 가곤 하는데, 한 상 가득 나오는 밑반찬을 볼 때면 "이게 정말 다 공짜야?" 하고 놀라는 표정을 짓곤 합니다. 세계 어딜 가나 음식 인심이 후한 건 역시 우리나라가 최고 아닐까요?

# 중국 사람들은 더치페이를 안 한다?

'더치페이하다'란 말을 중국어로는 '에이에이즈 AA制 AAzhì'라고 합니다. 제가 보기에 중국 사람은 젊은 사람이든 나이가 있는 사람이든 더치페이 문화가 별로 없는 것 같습니다. 베이징에 오랫동안 살면서 친한 중국인 친구들과 밥을 먹고 계산을 할 때면 그들은 항상 "워 칭커! 我请客! Wǒ qǐngkè!내가 쏠게" 또는 "워 라이 바! 我来吧! Wǒ lái ba!내가 낼게" 하며 돈을 먼저 내거든요. 중국 사람들은 체면 面子 miànzi 미엔즈를 몹시 중시하는데 상대방을 접대하는 것이 곧 자기의 체면이 서는 일이라고 생각하는 경향이 있습니다. 그래서인지 중국 식당에 가면 계산대 앞에서 서로 자기가 계산하겠다고 실랑이하는 중국인들의 모습을 자주 볼 수가 있답니다.

만약 중국 사람이 돈을 내겠다고 하면 굳이 반반씩 내자고 하기보다는, 그냥 "시아츠 워 칭커! 下次我请客! Xiàcì wǒ qǐngkè!다음엔 제가 낼게요!"라고 말하고 다음에 식사 대접을 하세요. '칭커 请客 qǐngkè'란 말은 '한턱내다, 접대하다'의 뜻으로 꼭 알아 두어야 할 중국어 표현입니다.

중국 요리에는 '샹차이 香菜 xiāngcài고수'라고 하는 독특한 향을 내는 채소가 많이 쓰입니다. 이 샹차이는 주로 잘게 썰어서 음식에 넣는데, 어찌나 그 향이 강한지 콩의 절반 정도 되는 크기만 먹어도 입 안이 금세 고통스러워지죠. 외국 사람들이 생마늘이나 된장을 잘 먹지 못하는 것처럼, 한국 사람들은 대부분 샹차이를 몹시 꺼린답니다. 물론 저의 경우도 예외는 아니고요. 제가 아침 식사로 즐겨 먹는 '훈툰 馄饨 húntun만두국', '찌엔빙 煎饼 jiānbǐng부침개', 그리고 '훠궈 火锅 huǒguō샤브샤브'를 먹을 때 찍어 먹는 참깨 소스 麻酱 májiàng마장에도 모조리 샹차이가 들어가는데, 저는 항상 요 샹차이를 쏙 빼고 먹는답니다. "아니 중국에 그렇게 오랫동안 살았으면서 고것 하나 못 먹나요?"라고 핀잔을 하실 수도 있겠지만, 저도 노력을 안 해 본 건 아니랍니다.(^^;) 그러니까 중국 식당에 가서 요리를 주문할 때는 종업원에게 반드시 샹차이가 들어가는지 물어보고, 만약 들어간다면 "부야오 샹차이! 不要香菜! Búyào xiāngcài!샹차이는 빼 주세요!"라고 꼭 얘기하세요.

# 중국에는 뚱뚱한 여자가 없다?

중국에서 생활하면서 참 신기하다고 생각하는 미스테리가 한 가지 있는데요, 바로 중국에는 뚱뚱한 여자가 별로 없다는 사실이에요. 대학 때도 같은 과에 비만한 여학생이 거의 없었던 거 같아요. 또 길거리를 다녀 봐도, 나이가 들어 자연스레 살이 붙은 아주머니들이라면 몰라도 뚱뚱한 젊은 여성은 정말 보기 어렵거든요. 아니 중국 사람들은 기름에 튀기고 볶고 지지고 한 음식, 특히 고지방의 육류 음식을 많이 먹는데 어떻게 날씬한 몸매를 유지할까요?

그 비결은 다름아닌 자전거와 차에 있습니다. 여러분이 아시다시피 중국에서는 자전거가 가장 대중적인 교통수단이에요. 매일 자전거를 타고 학교에 가고 장보러 가고 출근도 하니, 특별한 관리 없이도 자연스레 몸매가 날씬하게 유지되는 것이죠.

또 한 가지는 습관적으로 마시는 녹차에 있습니다. 중국 사람들은 식사 전후는 물론, 외출할 때도 찻물이 담긴 보온병을 휴대하고 다닐 정도로 차를 즐겨 마시거든요. 녹차는 칼로리가 거의 없고 지방을 분해하는 성분이 들어 있어 다이어트에 효과적이죠. 차 중에서도 오래 숙성시킬수록 맛과 향이 좋아진다는 보이차 普洱茶 pǔ'ěrchá푸얼차는 혈중 콜레스테롤 수치를 낮추고 장을 청소하는 효능이 있어 다이어트 减肥 jiǎnféi지엔페이에 좋다고 알려져 있습니다. 살을 빼려고 노력하시는 독자 여러분, 오늘부터 자전거를 타고 커피 대신 차를 마셔 보는 건 어떨까요?

# HOt tIP



아무리 비싸고 보기 좋은 요리라도 자기 입맛에 맞지 않으면 그림의 떡이겠죠? 중국인들은 굉장히 좋아하는 요리라도 우리나라 사람은 잘 먹지 못하는 경우가 종종 있습니다. 가끔은 새로운 요리에 도전해서 자기 입맛에 맞는 걸 찾아보는 것도 재미있겠지만, 안심하고 시킬 만한 메뉴를 몇 가지 알고 간다면 마음이 든든해집니다. 그런 의미에서, 절대 실패하지 않을 중국 요리를 몇 가지 소개해 볼게요.

## 찡쟝로우쓰 京酱肉丝 jīngjiàngròusī

돼지고기를 가늘게 썰어 춘장과 함께 볶은 정통 베이징 요리. 요리를 시키면 두껍게 썬 파와 얇은 두부피(또는 밀전병)가 같이 나온다. 이 음식 하나면 밥 한 공기쯤은 거뜬히 비울 수 있을 정도로 맛있고 값 또한 저렴하다. '로우쓰肉丝 ròusī'는 잘게 썬 고기를 말한다.

## 탕추리지 糖醋里脊 tángcùlǐjǐ

우리나라 사람들이 좋아하는 탕수육의 중국식 버전으로 맛이 우리 것과 비슷하다. '탕추'는 식초와 설탕을 이용해 만든 탕수육 소스이고, '리지'는 돼지고기의 등심 부위를 말한다. 잉어를 기름에 튀긴 후 탕수육 소스를 부어서 만든 '탕추리위 糖醋鲤鱼 tángcùlǐyú'와 돼지갈비를 이용해 만든 '탕추파이구糖醋排骨 tángcùpáigǔ'도 추천!!

## 꽁바오지딩 宫保鸡丁 *gōngbǎojīdīng*

닭고기를 작고 네모난 모양으로 썰어서 땅콩·고추·오이·양파 등을 넣고 달짝
지근하면서도 살짝 매운맛이 나는 소스와 함께 볶아서 만든 요리. 베이징의 서민
들이 즐겨 먹으며 국적을 가리지 않고 모든 외국인이 좋아하는 요리이다. 전혀 어
울릴 것 같지 않은 닭고기와 땅콩의 절묘한 만남이 이 요리의 매력 포인트‼

## 위샹 로우쓰 鱼香肉丝 *yúxiāng ròusī*

돼지고기를 가늘게 썰어 죽순·버섯·파·생강 등을 넣고 볶은 요리. 이 음식 또
한 베이징의 서민들이 즐겨 먹으며 달짝지근하면서 약간 매운맛이 특징이다. 같
은 소스에 돼지고기를 빼고 가지를 넣어 만든 '**위샹치에즈 鱼香茄子** *yǔxiāng qiézi*'
도 추천‼

## 티에반 니우로우 铁板牛肉 *tiěbǎn niúròu*

쇠고기를 후추·설탕·양파·커첩 등의 양념으로 간을 한 후 뜨거운 철판 위에
올려놓고 열을 가한 요리. 음식이 나올 때 지글지글 맛있는 소리가 나며, 음식을
덮은 뚜껑을 열 때는 기름이 옷에 튀지 않게 조심해야 한다. 커첩 소스를 넣어서
만든 것과 굵은 후추를 넣은 맛 두 가지가 있다. '**티에반铁板** *tiěbǎn*'은 철판, '**니우
로우牛肉** *niúròu*'는 쇠고기를 뜻한다.

## 샹구 요우차이 香菇油菜 xiānggū yóucài

표고버섯과 어린 유채를 기름에 볶아 접시에 따로 가지런히 담은 다음, 간장과 전분으로 만든 소스를 위에다 살짝 얹은 요리. 실제로 보면 요리에 윤기가 자르르 흐르는 게 예쁘다는 말이 절로 나온다. 물론 맛도 상당히 깔끔하고 담백하다.

## 바쓰 핑궈 拔丝苹果 básī píngguǒ

우리의 고구마 맛탕과 맛이 거의 비슷하며, 넣는 재료에 따라 사과를 넣은 '바쓰 핑궈拔丝苹果 básī píngguǒ', 고구마를 넣은 '바쓰 홍슈拔丝红薯 básī hóngshǔ', 바나나 가 들어 있는 '바쓰 샹쟈오 拔丝香蕉 básī xiāngjiāo'가 있다. 이 요리를 주문하면 그 냥 맹물 한 접시가 딸려 나오는데, 이는 물엿 때문에 음식이 서로 달라붙으므로 물에 담가서 먹으라는 의미이다. 실수로 이 물을 마시거나 하는 일이 없도록 주의!!

## 꾸어바 锅巴 guōbā

누룽지를 뜨겁게 튀긴 후 갖은 해산물을 이용해 만든 삼선 소스를 위에 부어 만든 요리. 누룽지의 고소한 맛과 신선한 해산물로 만든 소스가 어우러져 담백하면서 고소한 맛이 난다.

## 쉐이주위 水煮鱼 shuǐzhǔyú

대표적인 쓰촨 요리로, 얇게 썬 민물 생선에 콩나물 등의 야채를 넣고 여기에 끓는 고추기름을 부어 만든 요리. 요리가 나오면 종업원이 입에 살짝 갖다 대기만 해도 혀가 얼얼해지는 매운 '회쟈오 花椒 huājiāo 산초나무 열매'와 고추를 먹기 편하게 뜰채로 건져 준다. 민물 생선은 손님이 고를 수 있으며 요리를 하기 전에 직접 생선을 손님에게 보여 주기도 한다. 쉐이주위는 필자가 가장 좋아하는 음식 중의 하나로, 중독성(?) 있는 매운맛이 가장 큰 매력이다.

## 충칭 라즈지 重庆辣子鸡 Chóngqìng làzijī

닭고기를 잘게 썰어서 바삭바삭하게 튀긴 후 마른 고추를 듬뿍 넣어 볶은 쓰촨 요리. 식당에서 이 요리를 주문하면 대부분 닭고기보다 고추가 더 많이 들어 있어 조금 섭섭한(?) 기분이 들기도 하지만 나름대로 골라 먹는 재미가 있다. 충칭 라즈지는 특히 시원한 맥주와 함께 먹으면 최고의 안주거리가 된다. ('충칭 重庆 Chóngqìng'은 쓰촨성에 위치한 도시 이름이고, '라즈 辣子 làzi'는 고추, '지 鸡 jī'는 닭을 뜻한다.)

## 베이징 카오야 北京烤鸭 Běijīng Kǎoyā

서태후가 즐겨 먹었다는 베이징의 명물 카오야는, 고기 맛을 좋게 하기 위해 운동을 전혀 시키지 않은 살찐 오리가 재료이다. 살찐 오리를 잡은 후에는 겉에 엿을 바르고 그늘에 말린 뒤 항문에 구멍을 내서 공기를 불어 넣는다. 오리를 부풀린 후에는 과일나무 숯에다가 양념을 바르면서 구워 낸다. 카오야는 특히 바삭바삭한 껍질 맛이 일품이며 춘장·파·오이 등을 넣고 밀전병에 싸서 먹는다. 카오야는 꼭 '취엔쥐더 全聚德 Quánjùdé'처럼 유명한 곳에서 먹지 않아도 된다. 오히려 동네 식당에서 파는 카오야가 훨씬 더 맛있고 값도 저렴하다는 사실!!

# Part 4

길쭉이 몽실이
in beijing

양꼬치를 물고
야시장 걷기~

# Beijing Story



이른 아침 베이징의 거리에 나가 보면 여기저기서 좌판을 펼치고 간단한 아침 식사거리를 파는 노점상들을 쉽게 볼 수가 있습니다. 중국 사람들은 아침 식사 早点 zǎodiǎn 자오디엔를 무척 중요시하는데요, 아침잠이 많은 학생들이나 회사에 바삐 출근해야 하는 직장인들은 타고 가던 자전거를 길 한 켠에 세워 놓고, 아침에만 잠깐 문을 여는 길거리 식당에서 서둘러 아침밥을 해결합니다. 비록 초라해 보이는 작은 식탁과 접이의자 몇 개가 전부이지만 중국 서민들의 아침을 든든하게 책임지는 훌륭한 길거리 레스토랑이거든요.

중국의 서민들이 즐겨 먹는 아침 메뉴 몇가지를 소개해 볼게요. 대표

제가 사는 동네에는 '라오샹하이 老上海 Lǎoshànghǎi'라는 이름의 체인점 형태의 분식집이 있는데, 저는 매일 아침 이곳에서 '신찡빠오 新京报 Xīnjīngbào'라는 신문을 읽으며 아침밥을 먹습니다. 제가 주로 시켜 먹는 아침 메뉴로는 따뜻한 국물이 있는 훈툰과 쌀죽 米粥 mǐzhōu미저우 중에서 한 그릇, 돼지고기 소를 넣은 찐만두 包子 bāozi빠오즈 2~3개, 삶은 달걀 茶鸡蛋 chájīdàn차지딴 1개, 보통 이렇게 세 가지인데요. '아니, 아침부터 뭘 그렇게 많이 먹을까?'라고 생각하시는 분들도 계시겠지만, 학교나 병원에서 중국 사람들과 하루 종일 쉴 새 없이 중국어로 수다를 떨려면 이 정도는 먹어 줘야 힘이 나거든요. 요 세 가지 음식을 한꺼번에 시켜 먹어도 중국 돈 10위안(우리 돈 2천 원이 채 안 된답니다. 정말 저렴하죠?





적인 것으로는 우리의 만두국과 비슷한 '훈툰 馄饨 húntun만두국'이 있습니다. 야채와 돼지고기를 넣어 만든 작은 만두에 뜨거운 국물을 붓고, 말린 새우·김·'샹차이 香菜 xiāngcài고수' 등을 넣어서 만듭니다. 이 훈툰은 국물 맛이 조금 싱거운데, 향이 강한 샹차이를 빼고 대신 고춧가루를 팍팍 넣어 먹으면 술을 많이 마신 다음날 해장국 대용으로도 그만이랍니다.

또 밀가루 반죽을 꽈배기 모양으로 길게 꽈서 기름에 튀겨 만든 '요우티아오 油条 yóutiáo'도 빠질 수 없는 인기 만점 메뉴이고요, 연두부에 간장 소스를 넣어 우리의 순두부탕과 비슷하게 만든 '또우푸나오 豆腐脑 dòufunǎo', 양념을 가미한 찻물에 계란을 넣어 삶은 '차지딴 茶鸡蛋 chájīdàn', 콩을 갈아 만든 음료로 두유와 맛이 비슷한 '또우쟝 豆浆 dòujiāng' 등도 중국 사람들이 즐겨 먹는 아침 메뉴입니다. 이러한 길거리 식당은 기다릴 필요가 없이 음식이 빨리 나오기 때문에, 아침부터 바삐 움직여야 하는 직장인들과 학생들이 즐겨 이용한답니다. 물론 음식 가격도 무척 저렴하고요.

최근에는 도시 환경 미화 정책 때문에 안타깝게도 이런 노점상이 거의 자취를 감췄지만, 거리 곳곳에 있는 크고 작은 분식점 少吃店 shǎochīdiàn 샤오츠디엔에서도 위에 소개한 아침 메뉴를 모두 맛보실 수 있습니다.

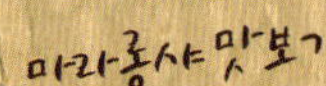



이 마라롱샤는 보통 마리로 주문을 하는데 한 마리당 대략 3~5위안우리 돈 600~1,000원 정도 한답니다. 붉은 양념 옷을 입은 가재의 머리와 꼬리를 비틀어 잘라내면 안에 하얀 속살이 나오는데, 그 양이 적어 두세 명이 먹는다고 했을 때 적어도 80마리 이상(?)은 시켜야 비로소 좀 먹은 느낌이 든답니다. 여기서 잠깐 가재 표면에는 매운 소스가 잔뜩 묻어 있어 먹을 때는 반드시 비닐로 된 위생 장갑을 끼셔야 해요. 안 그러면 금방 손이 얼얼해지거든요. 이 마라롱샤는 특히 현지에 있는 한국 여성들 사이에서 독보적인 인기를 차지하고 있는데요, 심지어는 마라롱샤를 정기적으로 먹는 마라롱샤 동호회가 있을 정도랍니다.

베이징에는 어두컴컴한 밤이 되면 수백 개의 홍등이 거리를 온통 붉은 빛으로 물들이는 거리가 있습니다. 이 홍등 거리는 여러분이 생각하시는 그런 야릇한(?) 곳이 아니라, 현지인들 사이에서 일명 귀신 거리 鬼街 guǐjiē구이지에라고 불리는 베이징의 유명한 먹자골목입니다. 늦은 밤 한 잔의 술과 야식을 즐기려는 사람들로 북적이는 이곳은 1km가 넘는 거리에 200여 개의 크고 작은 식당들이 길 양옆으로 쭉 늘어서 있습니다. 모든 식당 앞에는 저마다 다른 크기와 모양의 홍등이 수십 개씩 걸려 있고, 간판조차 죄다 붉은색이어서 한밤중에 이 거리에 들어서면 마치 도깨비가 사는 몽환 세계에 온 것 같은 착각을 일으키기도 한답니다.

이국적인 색채가 물씬 풍기는 이 먹자골목에 가면 꼭 먹어 봐야 할 음식이 두 가지 있는데요, 바로 '마라탕 麻辣烫 málàtàng'과 '마라롱샤 麻辣龙虾 málà lóngxiā'입니다. '마라 麻辣'는 '입이 얼얼할 정도로 맵다'라는 뜻이에요. 마라탕은 쓰촨식 샤브샤브로, 두부나 해산물·야채·어묵 등의 재료를 펄펄 끓는 맵고 얼큰한 국물에 데친 후, 소스에 찍어 먹는 음식입니다. 이 마라탕은 중국의 젊은 층, 특히 여성들이 너무나 좋아하는 길거리 음식으로, 남녀의 열정적인 사랑을 마라탕에 비유한 영화 〈애정 마라탕〉이 만들어지기도 했죠.

귀신 거리를 대표하는 또 하나의 명물은 매운 민물 가재 요리인 마라롱샤입니다. 고추, 마늘, 생강 등을 넣어 만든 매운 소스에 민물 가재를 푹

담근 후 쪄 낸 요리이죠. 제철인 8월에는 이곳에서 마라롱샤 축제가 열리기도 하는데, 더운 여름 시원한 맥주에 빨간 마라롱샤를 먹으면 더위가 싸악 가신답니다. '나도 매운 거라면 자신 있는데…….' 하시는 분들은 우리의 홍초불닭과 중국의 마라탕 중 어느 것이 더 매운지 직접 체험해 보는 것도 재미있겠네요. 비교 체험~ 극과 극!!

베이징 최대의 번화가이자 쇼핑가인 왕푸징 거리 王府井大街 Wángfǔjǐng Dàjiē 왕푸징 따지에에는 왕푸징 서점 王府井书店 Wángfǔjǐng Shūdiàn 왕푸징 슈디엔을 기점으로 북쪽으로 약 500미터가량 차량 진입이 제한된 보행자 거리가 있는데요, 이 보행자 거리를 따라 걷다 보면 맛있는 냄새가 솔솔 풍기는 먹자골목 두 곳을 발견하실 수가 있습니다.

한 곳은 보행자 거리가 시작되는 지점에 위치해 있는데, 골목 입구에는 '왕푸징 샤오츠지에 王府井小吃街 Wángfǔjǐng Xiǎochījiē 왕푸징 먹자골목'라고 쓰여진 중국식 문이 서 있어 쉽게 찾을 수가 있답니다. 이곳에 가면 말로만 듣던 신기한 재료의 각종 꼬치구이는 물론이고, 중국식 케밥이나 다코야키 같은 다양한 길거리 음식을 맛볼 수 있어요. 또 베이징을 대표하는 음식인 자장면과 오리구이를 파는 작은 식당이 몰려 있는데, 손님을 끌어모으기 위해 미니 경극 공연을 하기도 한답니다. 골목 한 켠에는 골동품과 기념품을 파는 민속 문화 거리도 자리하고 있고요.

다른 한 곳은 왕푸징에서 제일 규모가 큰 백화점인 신동안 시장 新东安市场 Xīndōng'ān Shìchǎng 신똥안 스창의 대각선 맞은편에 위치해 있는데, 정식 명칭은 동화문 미식거리 야시장 东华门美食坊夜市 Dōnghuámén Měishífāng Yèshì 똥화먼 메이스팡 예스입니다. 그 이름에서도 알 수 있듯이 이곳은 해가 지는 저녁부터 문을 여는 야시장으로 200m 정도의 거리에 정확히 88개의 포장마차가 질서 정연하게 늘어서 있습니다. 베이징 시에서 공인한 야시장이라 그런지 위생 상태도 비교적 깔끔하고, 음식을 파는 사람들도 모두 통일된 유니폼을 입고 있죠. 그리고 모든 포장마차에는 판매하는 음식이나 재료의 명칭, 특산지, 가격표 등이 일일히 붙어 있어 중국 먹거리가 낯선 외국인 관광객들에게는 무척 편리하답니다.

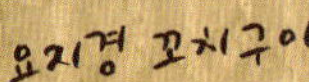


이곳에 가면 외국 관광객들의 눈길을 단번에 사로잡는 먹거리가 있는데요, 바로 각종 신기한 재료를 이용해 만든 꼬치구이입니다. 양고기·소힘줄·닭똥집 같은 평범한 재료부터 전갈·불가사리·해마·매미·도마뱀·개구리·뱀껍질 같은 엽기적인 식재료까지 마치 모든 생물체를 다 나무 꼬치에 꿰어 놓은 듯 하죠. 심지어 소나 양의 거시기(^^)를 이용한 꼬치도 있어요. 무척 혐오스러워 보이는 꼬치이지만 맛은 의외로(?) 괜찮다고 하니 호기심 강한 분들은 한번 용기를 내서 드셔 보는 게 어떨지요.^^

왕푸징 먹자골목 입구

꼬치구이점

탕후루
糖葫芦
*tánghúlu*

샤오롱빠오
小笼包
*xiǎolóngbāo*

따지엔빙
大煎饼
*dàjiānbǐng*

뽀루오판
菠萝饭
*bōluófàn*

이 포장마차 거리의 가장 큰 특징은 뭐니 뭐니 해도 중국 각 지방의 다양한 향토 음식을 한 자리에서 맛볼 수 있다는 것이죠. 베이징 서민들의 완소 간식인 과일 사탕 꼬치 '탕후루糖葫芦 tánghúlu', 톈진의 대표 명물인 '고우뿌리 빠오즈狗不理包子 gǒubùlǐ bāozi', 상하이의 명물로 작은 만두 안에 구수한 육즙이 들어 있는 '샤오롱빠오小笼包 xiǎolóngbāo', 커다란 밀전병에 야채·대파·춘장을 싸서 먹는 산동의

'따지엔빙大煎饼 dàjiānbǐng', 파인애플 속에 찹쌀을 넣고 찐 윈난의 특산 '뽀루오판菠萝饭 bōluófàn', 불공 드리던 스님도 그 냄새에 이끌려 담을 넘었다던 광둥의 불도장 등 구경만 해도 배가 부를 정도로 먹거리가 가득하답니다.

베이징에서 길을 걷다보면 '싼룬처三轮车 sānlúnchē'라고 부르는 세발자전거를 개조해서 유리 상자 같은 것을 만들어 놓고, 그 안에 크고 둥근 팬을 얹고 뭔가를 열심히 만드는 '찌엔빙煎饼 jiānbǐng 중국식 부침개' 장수를 쉽게 발견할 수가 있습니다. 유리에는 붉은 글씨로 '煎饼'이란 한자가 크게 써 있답니다. 이 찌엔빙은 제가 정말 좋아하는 길거리 음식인데요, 우리가 즐겨 먹는 부침개나 토스트의 중국식 버전이라고 생각하시면 됩니다.

만드는 법을 설명하자면, 우선 묽은 밀가루 반죽을 뜨거운 철판 위에 얇게 두른 후 계란을 하나 그 위에 풀고 T자형으로 생긴 나무 막대기를 이용해 계란을 골고루 펴 바릅니다. 그리고 그것을 앞뒤로 뒤집어서 살짝 익힌 다음 중국식 된장과 고추장 같은 각종 소스와 다진 파, '샹차이香菜 xiāngcài고수' 등의 야채를 넣고 다시 지집니다. 마지막에는 네모난 모양의 바삭바삭한 튀김 과자인 '추이빙脆饼 cuìbǐng'을 넣고 먹기 좋은 크기로 접어 줍니다. 찌엔빙 하나를 만드는 데는 약 2분이 걸리는데, 얇고 커다란 부침개를 공중으로 휙휙 날리면서 뒤집는 주인 아저씨의 화려한 개인기(?)



저는 이 찌엔빙을 주로 아침 식사로 많이 먹는데요, 주문을 할 때 이것저것 요구 사항이 꽤 많은 편이랍니다. 나름대로 찌엔빙 전문가라고 할 수가 있죠. 저는 우선 계란鸡蛋 jīdàn 지단을 한 개 더 추가로 주문을 합니다. 그럼 양이 조금 풍성해지거든요. 그리곤 바삭바삭한 튀김 과자와 향이 강한 샹차이香菜 xiāngcài고수를 빼 달라고 합니다. 그 대신 다진 파葱 cōng총를 많이 넣어 달라고 하죠. 고추장辣椒 làjiāo라쟈오도 조금 덜 바르라고 하고요. 조금 까다롭죠? 이렇게 해서 먹으면 맛이 덜 느끼하고 담백한 '설우진 표' 맞춤식 찌엔빙이 된답니다. 만약 찌엔빙을 처음 드시는 분이라면 그냥 향이 강한 야채인 샹차이만 빼 달라고 하세요. 참, 계란을 한 개 더 추가로 주문하면 5마오우리 돈 60원를 추가로 내야 합니다.

제가 처음 베이징에 유학을 갔던 1996년, 쿤룬 판디엔昆仑饭店 Kūnlún Fàndiàn이라는 5성급 호텔 앞에는 양로우촬 노점상이 쭉 늘어서 있었습니다. 노점상은 대부분 조선족이었는데, 우리 입맛에 딱 맞는 고추장 소스를 발라서 팔았기 때문에 한국 유학생들에게 특히 큰 인기였죠. 이 호텔에는 베이징 최고의 수질(?)을 자랑하는 크리스탈 나이트클럽이 있었기 때문에, 나이트클럽을 찾아온 외국인들이 한 손에 꼬치구이, 다른 손에는 맥주를 들고 거리에서 춤을 추거나 즉석 만남(?)도 가지는 등 그야말로 국제적인 사교장이었답니다. 베이징의 숨은 명소였던 이곳은 이미 오래 전에 자취를 감췄습니다. 한국 유학생과 교민들이 많은 지역에는 한국식 양념이 된 꼬치구이집이 몇 군데 있지만, 예전 그 길거리에서 작은 화톳불을 놓고 쪼그려 앉아서 먹던 꼬치구이 맛을 따라갈 수 없답니다.

를 보는 것만으로도 큰 재미가 있답니다. 이 찌엔빙의 가격은 보통 1개에 3위안우리 돈 600원 정도 하고요, 손님의 입맛에 따라 다양한 옵션(?) 선택이 가능하답니다.

**● 둘! 중국인의 국민 간식 _ 양로우촬**

중국의 북방·남방 할 것 없이 어느 지역에 가도 맛볼 수 있는 길거리 음식이 바로 '촨샤오 串烧 chuànshāo'라고 하는 꼬치구이입니다. 명실상부한 중국인의 국민 간식이라고 할 수 있죠. 재료에 따라 소고기 꼬치, 닭고기 꼬치, 오징어 꼬치 등 그 종류가 다양한데요, 그 중에서도 중국 사람들은 양고기 꼬치인 '양로우촬 羊肉串儿 yángròuchuàn'을 최고로 칩니다. 꼬치구이

계의 지존이라고나 할까요? '양로우羊肉'는 양고기, '촬串儿'은 꼬치란 뜻이에요. 작게 썬 양고기를 나무 꼬치에 끼워서 소금·후춧가루·고춧가루 등의 양념을 뿌리면서 숯불에 구워 먹는데, 특히 베이징을 대표하는 시원한 옌징 맥주 燕京啤酒 Yānjīng Píjiǔ옌징 피지우'와 함께 곁들이면 최고의 안줏거리가 되기도 한답니다. 만약 양고기 특유의 냄새가 싫으시면 소 갈비살인 '로우진肉筋 ròujīn'이나 소 힘줄인 '반진板筋 bǎnjīn'을 한번 드셔 보세요. 특히 반진은 맛 이 담백하고 쫄깃쫄깃해서 여성분들에게 인기가 좋답니다.

이 양고기 꼬치구이는 원래 중국 소수민족 중 하나인 위구르족의 음 식이에요. 그러니까 원조 양고기 꼬치구이의 맛을 느끼시려면 위구르족이 운영하는 이슬람 식당에 가시면 됩니다. 베이징에는 이슬람 식당이 꽤 많 은데, 식당 간판에는 이슬람교를 뜻하는 '칭쩐清真 qīngzhēn'이란 말이 쓰여 있어서 쉽게 찾으실 수 있어요.

아참! 꼬치를 구울 때 마지막에 연한 갈색의 '쯔란孜然 zīrán큐민'이라고 하는 향신료를 뿌리는데, 이게 향이 보통 독특한 게 아니거든요. 겨드랑이 에서 나는 땀 냄새 같기도 하고요. 처음 드시는 분들은 아마 입에 안 맞으실 거예요. 그러니까 꼬치구이를 주문할 때 는 꼭 "부야오 쯔란! 不要孜然! Búyào zīrán!쯔란은 빼 주세요!"이 라고 얘기하세요. 꼬치구이의 가격은 재료에 따라 보통 1위안~5위안우리 돈 200~1,000원 정도 한답니다.

### 셋! 중국식 막대 사탕 _ 탕후루

겨울철에 베이징 사람들이 즐겨 먹는 간식이 있는데 요, 바로 '탕후루糖葫芦 tánghúlu'라고 하는 사탕 꼬 치입니다. 경극을 소재로 한 중국 영화 〈패왕별희〉

꼬치구이에 뿌리는 쯔란

를 보면 어릴 적 장국영이 경극단의 고된 훈련을 이기지 못해 사형과 함께 도망을 가는데, 시장 구경을 나온 이 두 꼬마가 죽기 전에 꼭 먹고 싶은 게 있다면서 눈물을 흘리며 먹는 것이 바로 탕후루입니다.

염주알만 한 크기의 붉은색 산사나무 열매중국에선 이것을 '샨자山楂'라고 부릅니다.를 꼬치에 끼운 후 그 위에 녹인 설탕물을 부어 만드는데요, 새콤한 산사나무 열매와 달콤한 설탕이 한데 어우러져 새콤달콤한 맛을 내는 중국식 막대 사탕입니다. 베이징에서 길을 걷다 보면 수십 개의 탕후루를 자전거에 싣고 다니는 탕후루 장수를 쉽게 발견할 수가 있답니다. 왕푸징의 먹자골목이나 공원, 백화점 식품 매장에서도 사 먹을 수가 있고요. 산사 열매 말고도 딸기 · 키위 · 파인애플 · 귤 같은 과일로 만든 과일 탕후루도 있는데, 저는 특히 딸기草莓 cǎoméi차오메이로 만든 딸기 탕후루를 가장 좋아한답니다. 겨울철만 되면 학교에서 집으로 걸어오는 길에 거의 매일 딸기 탕후루를 사 먹었거든요. 길에서 파는 일반 탕후루는 개당 3위안우리 돈 600원 정도 하고요, 과일이 들어간 스페셜 탕후루는 개당 5~8위안우리 돈 1,000~1,600원 정도 한답니다.

# Conversation

꼬치구이 사 먹기

**A** 스푸, 라이 디엔 양로우촬.
师傅，来点羊肉串儿[1]。
Shīfu, lái diǎn yángròuchuànr.
아저씨, 양고기 꼬치구이 좀 주세요.

**B** 하오 더. 야오 지 거?
好的。要几个[2]？
Hǎo de. Yào jǐ ge?
네. 몇 개 드릴까요?

**A** 라이 싼 거.
来三个。
Lái sān ge.
세 개요.

**B** 하이 야오 비에더 마?
还要别的吗[3]？
Hái yào biéde ma?
다른 건요?

**A** 하이 요우 션머?
还有什么[4]？
Hái yǒu shénme?
또 뭐가 있는데요?

**B** 요우 반진, 로우진, 지츠, 요우위 덩덩.
有板筋、肉筋、鸡翅、鱿鱼等等[5]。
Yǒu bǎnjīn, ròujīn, jīchì, yóuyú děngděng.
소 힘줄, 소 갈비살, 닭 날개, 오징어가 있는데요.

**A** 하이 야오 이 거 반진 허 이 거 지츠
还要一个板筋和一个鸡翅。
Hái yào yí ge bǎnjīn hé yí ge jīchì.
소 힘줄 한 개랑 닭 날개 하나 주세요.

**B** 카오하오 러, 게이 니.
烤好了[6]，给你[7]。
Kǎohǎo le, gěi nǐ.
다 익었네요. 여기 있어요.

**1**

스푸师傅 shīfu 는 요리사나 운전 기사 등에게 흔히 쓰는 호칭으로, 이저씨와 같은 뜻이라고 보면 됩니다. 음식을 주문할 때 자주 쓰이는 라이来 lái 는 ~주세요이고, 디안点 diǎn 은 약간, 조금의 뜻으로, 주로 '来+点+음식명'의 형태로 쓰여 우리말의 '~ 좀 주세요'와 같은 뜻을 나타냅니다.

**2**

야오要 yào 는 필요하다, 지几 jǐ 는 몇, 거个 ge 는 개(사물을 세는 단위)로, '지 거几个 jǐ ge'를 쓰면 몇 개냐고 묻는 말이 됩니다.

**3**

하이还 hái 는 또, 더이고, 비에더 别的 biéde 는 다른 것의 뜻입니다.

**5**

반진板筋 bǎnjīn은 (소)힘줄, 로우진肉筋 ròujīn 은 (소)갈비살, 지츠鸡翅 jīchì 는 닭 날개, 요우위鱿鱼 yóuyú 는 오징어로 이 네 가지 재료는 양고기와 더불어 중국 사람들이 즐겨 먹는 꼬치구이의 단골 메뉴입니다. 덩덩等等 děngděng 은 등등의 뜻이고요.

**4**

요우 有 yǒu 는 있다, 션머 什么 shénme 는 무슨, 무엇을 뜻합니다.

**6**

카오烤 kǎo 는 굽다의 뜻입니다. 하오好 hǎo 는 원래 좋다라는 뜻이지만, 여기서는 어떤 일이 잘 마무리되었음을 나타냅니다. 따라서 '카오하오 러烤好了 kǎohǎo le'는 (고기가) 다 구워져 익었다라는 뜻이 됩니다.

**7**

게이给 gěi 는 주다의 뜻으로, "게이 니. 给你。 Gěi nǐ."를 직역하면 "당신에게 줄거요."가 됩니다. 무언가 상대방에게 내줄 때 흔히 쓰는 표현입니다.

# Expression

야시장에서 유용한 표현

배고파 죽겠어요!

어쓰 러!
**饿死了！**
Èsǐ le!

이게 뭐예요?

쩌 스 션머?
**这是什么？**
Zhè shì shénme?

한 개에 얼마예요?

이 거 뚜어샤오 치엔?
**一个多少钱？**
Yí ge duōshao qián?

한번 시식해 봐도 돼요?

커이 창 이시아 마?
**可以尝一下吗？**
Kěyǐ cháng yíxià ma?

먹을 엄두가 안 나요.

뿌 간 츠!
**不敢吃！**
Bù gǎn chī!

탕후루 한 개만 주세요!

라이 이 거 탕후루!
**来一个糖葫芦！**
Lái yí ge tánghúlu!

쯔란은 빼 주세요!

부야오 쯔란!
**不要孜然！**
Bú yào zīrán!

너무 맛있어요!

쩐 하오츠!
**真好吃！**
Zhēn hǎochī!

너무 징그러워요!

쩐 어신!
**真恶心！**
Zhēn ěxin! (Tài ěxin le!)

너무 느끼해요!

타이 요우니 러!
**太油腻了！**
Tài yóunì le!

# China talk



## 중국의 만두는 우리가 먹는 그 만두가 아니다?

우리나라에선 만두라고 하면 보통 만두피 안에 고기나 야채로 만든 소가 든 것을 말하잖아요? 하지만 중국에서 말하는 만두, 즉 '만토우饅头 mántou'는 속에 아~무것도 넣지 않고 그냥 밀가루를 반죽해서 쪄 낸 찐빵을 말합니다. 이 만토우는 크기가 어른 주먹보다 조금 더 큰데, 중국 사람들특히 북방 지역이 식사 때 밥 대신 먹는 주식이기도 합니다. 아무래도 맛이 맹맹하다 보니 주로 감자채 볶음이나 짠지 같은 반찬을 곁들여 먹기도 하죠. 중국 대학의 학생 식당에 가 보면 점심을 이 만토우 하나로 때우는 학생들을 쉽게 볼 수가 있답니다.

그럼 우리가 즐겨 먹는, 속에 고기나 야채가 든 만두는 뭐라고 할까요? 바로 '빠오즈包子 bāozi'라고 한답니다. 주로 돼지고기와 야채를 이용해 소를 만들죠. 가끔은 팥소를 넣기도 하구요. 요 빠오즈는 주로 아침 식사 때 많이 먹는다는 거!

그리고 중국 사람들이 사랑해 마지않는 '쟈오즈饺子 jiǎozi' 란 것도 있는데요, 이것은 끓는 물에 데쳐 먹는 물만두를 말합니다. 중국에서 쟈오즈는 설에 먹는 명절 음식이지만 일반 가정에서 시도 때도 없이 많이 해 먹죠. 만일 중국인 여성에게 "요리 잘하세요?" 라고 물었을 때 "저 쟈오즈 빚을 줄 아는데요."라고 대답한다면 꽤 괜찮은 솜씨를 지닌 것이랍니다.

중국에 가시면 길거리에서 음식을 파는 사람들의 옷을 한번 자세히 눈여겨보세요. 많은 사람들이 무릎 밑까지 내려오는 하얀색 가운을 입고 있는데요, 일종의 작업복인 셈이죠. 근데 재미난 건 이 작업복의 디자인이나 재질이 병원에서 의사들이 입는 가운과 무척 흡사하다는 사실이죠. 길가의 노점상, 학교나 기숙사에서 청소를 담당하시는 아주머니, 심지어는 거리에서 머리를 깎아 주는 이발사까지도 모두 의사(?) 가운을 입고 있답니다.

제가 베이징의 한 병원에서 수련의 생활을 할 때 그곳에서 일하시는 청소부 아줌마를 주임 의사(?)로 착각해서 "선생님!"이라고 부르며 깍듯하게 인사를 한 적도 여러 번 있을 정도이니까요. 또 제가 사는 동네의 '찌엔빙 煎饼 jiānbǐng 부침개'을 파는 아저씨도 항상 의사 가운을 입고 일하시는데, 시종일관 심혈을 기울이며 찌엔빙을 부치는 그 모습이 어찌나 진지하고 엄숙한지, 정말 전문직이 따로 없다니까요.

# 중국 사람들도 치맥을 좋아할까?

2014년 SBS에서 방송된 드라마 〈별에서 온 그대〉. 중국의 한 동영상 사이트에서 드라마 역사상 최초 '20억 뷰 돌파'라는 신기록을 남겼습니다. 더 재미있는 것은 "눈 오는 날에는 치맥이 딱인데……."라고 한 극중 천송이의 대사 한 마디로, 또 하나의 한류 열풍 불었습니다. 그것은 바로 치맥 열풍! 양꼬치와 맥주가 절대강자로 군림하고 있는 중국에서 치맥이 K-푸드 신드롬을 일으켰죠. 당시 베이징의 한인촌인 왕w징 지역의 치킨 집에는 몇 시간씩 줄을 서서 치킨을 먹으려는 사람들이 장사진을 쳤습니다.

중국 사람들도 원래 치킨을 좋아하지만 전에는 KFC, 맥도날드에서 사 먹는 치킨윙 정도가 전부였습니다. 하지만 드라마를 계기로 양념, 후라이드, 마늘, 간장, 칠리, 파무침 등 다양한 종류의 치킨 신세계(?)를 경험하니 홀딱 반할 수밖에요.^^ 현재 베이징에는 교촌, BBQ, 더 프라이팬, 본치킨 등 거의 웬만한 한국 프랜차이즈 치킨 집이 다 들어와 있습니다.

중국 사람들이 치맥을 즐길 때 우리와 다른 점이 있어요. 그것은 바로 맥주입니다. 우리는 맥주를 아주 시원하게 해서 마시지만 중국 사람들은 미지근하게 마셔요. 맥주뿐만 아니라 아이스 아메리카노든 뭐든 차가운 음료는 별로 좋아하지 않아요. 그래서 맥주를 시키면 종업원이 "시원한 걸로 드릴까요? 아님 상온 보관된 걸로 드릴까요?"라는 질문을 꼭 한답니다.

중국판 '배달의 민족'인 '바이두 와이마이' 같은 배달 앱을 통하면 심야에도 배달이 되니 중국 사람들이 안 좋아하려야 안 좋아할 수가 없겠죠?

저는 베이징에서 10년이 넘게 살았지만 아직까지도 입에 대기 힘든 길거리 음식이 딱 두 가지 있답니다. 그게 뭐냐고요? 하나는 '초우또우푸 臭豆腐 chòudòufu'라고 하는 음식인데요. 흔히들 '썩은 두부'라고도 부르죠. 발효되어 색이 거무튀튀하게 변한 두부를 튀겨서 각종 소스를 발라 먹는 건데요. '초우 臭 chòu 썩다'란 이름에서도 알 수 있듯이 한 입 먹는 순간 말로 표현할 수 없는 썩은 냄새가 코를 팍팍 찌른답니다. 길가에 이 초우또우푸 장수가 떴다 하면 사방에 향긋한(?) 냄새가 진동을 하죠. 하지만 중국 사람들은 이 초우또우푸를 "냄새는 고약하나 먹어 보면 맛이 향기롭다. 闻着臭, 吃着香。 Wénzhe chòu, chīzhe xiāng. 원저 초우, 츠저 샹."라고 해서 굉장히 즐겨 먹습니다. 왕푸징의 먹자골목에 가면 꼬치에 끼워진 초우또우푸를 쉽게 발견할 수가 있으니 용기 있으신 분은 꼭 한번 맛보시길…….

다른 하나는 '마오지딴 毛鸡蛋 máojīdàn'이란 건데요, 부화하기 직전의 달걀을 프라이팬에 구워 먹습니다. 요 마오지딴의 껍질을 까 보면, 그 속에는 발육이 되다 만 병아리가 거의 완전한 형태를 갖춘 채 들어 있지요. 중국 사람들은 과거에 이 마오지딴을 출산을 앞둔 임산부나 아기들에게 먹여 영양을 보충시켰다고 해요. 원래는 부화되기 직전의 싱싱한 달걀을 사용해야 하는데, 요즘은 인위적으로 죽은 알을 이용해서 만드는 게 많다고 하니……. 에고 앞으로 이걸 먹을 일은 더더욱 없을 듯싶네요.

# 중국 사람들은 모두 해바라기 씨 중독증에 걸렸다?

중국 사람들이 여럿이 모여 수다를 떨 때 절대 빠질 수 없는 간식이 있는데요, 바로 '꽈즈瓜子 guāzǐ'라고 하는 해바라기 씨입니다. 중국 사람들은 이 꽈즈를 사랑하는 수준이 거의 중독이라고 해도 과언이 아닌데요, 중국에서 장거리 기차 여행을 하다 보면 중국인들이 밥 먹을 때와 잠잘 때를 제외하곤 항상 입에 꽈즈를 물고 있는 모습을 쉽게 볼 수가 있답니다.

심지어는 비행기나 영화관 안에서도 톡! 톡! 소리를 내며 쉴 새 없이 꽈즈를 까먹죠. 그래서 중국인이 앉았다 일어난 자리에는 꽈즈 껍질이 수북이 쌓이기도 한답니다.

요 작은 꽈즈를 잘 까먹으려면 상당한 기술이 필요합니다. 꽈즈 달인들을 보면, 꽈즈를 이빨 사이에 넣고 살짝 깨물면 껍질이 정확히 네 조각으로 갈라지면서 안에 있는 씨앗만 쏙 빠져나오죠. 초당 1개의 해바라기 씨를 까먹으면 달인 소리를 들을 수가 있어요. 고소한 맛도 맛이지만 까먹는 재미 또한 쏠쏠한 꽈즈. 정말이지 한번 손을 대면 멈출 수 없는 중독성 강한 군것질거리예요. 중국의 마트나 슈퍼마켓에 가면 봉지 포장이 된 꽈즈가 많은데요. 그 중에서도 '치아치아恰恰 Qiàqià'란 브랜드가 가장 유명하답니다.

# HOt tIP



베이징의 노점이나 분식집에서 파는 것 같은 가벼운 간식류가 홍콩과 광동 지역에서는 딤섬이라는 이름으로 발달했습니다. 그곳에서는 식사 전후에 에피타이저나 디저트 개념으로 이 딤섬을 즐겨 먹는데, 그 종류만 해도 200가지가 넘는다고 하죠. 베이징에서 저렴한 가격으로 아기자기한 모양의 예쁜 딤섬을 맛볼 수 있는 곳을 소개해 보겠습니다.

## 찐딩쉬엔 金鼎轩 Jīndǐngxuān

화려하고 멋스러운 중국풍의 4층 건물에, 300명 이상 수용이 가능할 정도로 규모가 큰 식당이다. 찐딩쉬엔에서는 **새끼 돼지 통구이烤全体乳猪** kǎo quántǐ rǔzhū 카오 취엔티 루주와 같은 정통 광둥 요리와 더불어 다양한 종류의 딤섬을 저렴한 가격으로 맛볼 수 있다. 이곳은 24시간 영업을 하며, 하루에 3차례 다양한 딤섬을 할인된 가격(4.8위안)에 판다. (단, 메뉴판에 붉은색 별 표시가 있는 딤섬은 할인이 되지 않는다.) 큰 책받침처럼 생긴 딤섬 메뉴판에는 사진도 같이 들어 있어 먹음직스러운 딤섬을 쉽게 고를 수가 있다. 딤섬 가격은 종류에 따라 4.8위안에서 12.9위안까지 다양하다. 특히 딤섬계의 트로이카로 꼽히는 **상하이 샤오룽빠오上海小笼包** Shànghǎi xiǎolóngbāo, **찐딩쉬엔 샤쟈오황金鼎轩虾饺皇** Jīndǐngxuān xiājiǎohuáng, **시엔샤 샤오마이鲜虾烧麦** xiānxiā shāomài 는 꼭 맛보도록 하자.

찾아가기: 지하철 2호선·용허꿍 역(雍和宮站)에서 하차. 지딴공원 남문 위치!

## 딩타이펑 鼎泰丰 Dǐngtàifēng

타임 지에 '꼭 가봐야할 세계 10대 레스토랑'에 선정되기 한, 그 이름도 유명한 타이완의 딤섬 전문점 딩타이펑을 베이징에서도 맛볼수가 있다. '풍요로운 솥단지'란 뜻의 딩타이펑은 홍콩·싱가포르·인도네시아·미국 LA에 체인점이 있으며, 우리나라에도 강남역과 명동에 분점을 두고 있다. 베이징에는 **궈마오따사国贸大厦** Guómào Dàshà, **신광티엔띠新光天地** Xīnguāng Tiāndì, **위양판디엔渔阳饭店** Yúyáng Fàndiàn 부근에 분점이 있는데, 개인적으로 위양판디엔점을 추천한다. 특히 이곳은 5g의 만두피, 16g의 만두소, 18개의 주름으로 유명한 **샤오룽빠오小笼包** xiǎolóngbāo 안에 육즙이 들어있는 찐만두가 별미이다. 가격은 다소 비싼 편이지만 매장 인테리어도 깔끔하고 서비스도 무척 좋으며, 한글로 된 메뉴판도 구비되어 있다.

찾아가기: 北京市 朝阳区 新源里 中街 24号

## 뚜이추 샤오마이관 都一处烧麦馆 Dūyīchù Shāomàiguǎn

샤오마이는 속이 들여다보이는 만두피에 꽃이 활짝 핀 모양새로 꽃 딤섬이라고도 불린다. 뚜이추는 250년의 오랜 역사를 자랑하는 샤오마이 전문점인데, 이곳에 걸려 있는 간판은 건륭 황제가 직접 써서 하사한 것으로, '도성 안에서 늦게까지 장사를 하는 유일한 곳'이란 뜻이 담겨 있다. 이곳에는 10여 가지의 샤오마이 메뉴가 있는데, 안에 커다란 새우살이 들어 있는 **삼선 샤오마이**三鲜烧麦 sānxiān shāomài싼시엔 샤오마이 25위안, 10가지의 서로 다른 소가 든 **모듬 샤오마이**什锦烧麦 shíjǐn shāomài스진 샤오마이 25위안, 5가지 서로 다른 컬러의 만두 피로 빚은 **오색 샤오마이**五彩烧麦 wǔcǎi shāomài우차이 샤오마이 28위안이며, 한 접시에 88위안 이나 하는 **전복 샤오마이**鲍鱼烧麦 bàoyú shāomài싼시엔 샤오마이가 특히 유명하다. 베이징에서는 **치엔먼 따지에**前门大街 Qiánmén Dàjiē에 있는 본점을 추천한다.

## 고우뿌리 빠오즈 狗不理包子 Gǒubùlǐ Bāozi

고우뿌리는 '개도 거들떠보지 않는다'란 뜻. 톈진에 본점이 있는 고우뿌리는 이미 150년이 넘은 만두집으로 서태후도 이곳의 만두를 즐겨 먹었다고 한다. 지금은 중국 곳곳은 물론 해 외로도 진출해 서울 코엑스몰에도 '구불리 만두'란 이름의 체인점이 있다. 베이징에서는 천 안문 광장과 가까운 치엔먼 매장을 추천!! 이곳의 만두는 **돼지고기 만두**猪肉包子 zhūròu bāozi 쭈로우 빠오즈, **삼선 만두**三鲜包子 sānxiān bāozi싼시엔 빠오즈, **야채 만두**山野菜包子 shānyěcài bāozi샨 예차이 빠오즈, **버섯 청경채 만두**香菇油菜包子 xiānggū yóucài bāozi샹구 요우차이 빠오즈, 딱 4가지이다. 가장 인기가 많은 건 육즙이 고소한 돼지고기 만두인데, 정확히 15개의 주름이 잡힌 두꺼운 만두피와 그 안에 꽉 들어찬 고기 속이 다소 느끼할 수도 있지만 이것이 중국 전통식 만두. 만두 1판(9개), 녹두죽, 사이드 디시, 음료수가 포함된 세트 메뉴의 가격은 30-35위안.

# Part 5

피스톡트
in beijing

마이땅라오와
컨더지의 비밀

# Beijing Story



중국의 별다방 | 씽바커

차 문화가 발달한 중국에서도 미국을 대표하는 커피 전문점인 스타벅스를 어렵지 않게 만날 수 있습니다. 베이징에서 길을 걷다 보면 스타벅스를 상징하는 낯익은 초록색 로고가 자주 눈에 띄거든요. 베이징의 스타벅스는 초창기에 화이트칼라가 많은 상업 지구나 외국인이 모여 사는 특정 지역에 한정되어 있었지만, 지금은 유명 관광지나 대학가 근처에도 분점이 하나둘씩 생겨나고 있습니다. 흥미로운 사실은 세계 문화 유산으로도 지정된 중국의 대표적인 문화 유적인 만리장성에도 스타벅스 매장이 있는데요, 이곳은 전 세계 스타벅스의 1만 번째 체인점이라고 하네요. 정말 놀랍지 않나요?

커피는 중국어로 '카페이咖啡 kāfēi'라고 하고, 커피숍은 '카페이관咖啡馆 kāfēiguǎn'이라고 합니다. 그럼 우리가 '별다방'이라고도 부르는 스타벅스를 중국에서는 어떻게 부를까요? 바로 '씽바커 星巴克 Xīngbākè'라고 하는데요, '씽星 xīng'은 별star을 뜻하고 '바커巴克 bākè'는 'bucks'의 발음을 따서 만들었죠. 뜻과 발음을 합쳐서 만든 중국의 별다방 '씽바커', 이름이 꽤 괜찮지요? 베이징에 있는 스타벅스에 가면 'Starbucks Coffee'라는 영문과 함께 한자로 '씽바커 카페이星巴克咖啡 Xīngbākè Kāfēi'라고 쓰여진 초록색 간판을 보실 수 있을 거예요.

중국의 스타벅스에서도 우리나라 별다방에서 파는 다양한 종류의 커피와 케이크 같은 메뉴를 똑같이 먹을 수가 있는데요, 조금 다른 게 있다면 중국 별다방에선 추석中秋节 zhōngqiūjié쫑치우지에이나 설날 春节 chūnjié춘지에 등의 명절 때가 되면 조금 특별한 메뉴를 선보인다는 거죠. 중국 사람들은 추석 때 명절 음식으로 '위에빙 月饼 yuèbǐng'이라고 하는 빵을 먹는데, 스타벅스에선 커피 맛이 나는 별 모양의 위에빙 세트를 매년 선보입니다. 설날에는 홍차 라떼红茶拿铁 hóngchá nátiě홍차 나티에 같은 음료를 팔기도 하고요.

중국 스타벅스 커피의 가격은 우리나라와 비교했을 때 약간 싼 편이지만, 중국의 물가를 고려했을 때 일반 서민들이나 평범한 학생들이 사 먹기에는 많이 부담스러운 가격이죠. 왜냐하면 중국 돈 30위안이면 그럭저럭 괜찮은 녹차 한 봉지를 사서 한 달이 넘게 마실 수도 있거든요. 톨 사이즈를 기준으로, 제일 싼 이 주의 커피本周精选咖啡 běnzhōu jīngxuǎn kāfēi번저우 징쉬엔 카페이가 15위안우리 돈 3,000원, 제일 비싼 그린티 프라푸치노绿茶星冰乐 lùchá xīngbīnglè뤼차 씽삥러는 30위안우리 돈 6,000원, 대부분의 커피는 20~35위안우리 돈 4,000~7,000원 사이입니다. 아참! 중국의 스타벅스에서는 커피를 다 마신 후에 손님이 직접 빈 컵을 치우시 않아도 된답니다. 점원들이 다 알아서 치워 주거든요. 물론 주문한 커피는 본인이 직접 받아와야 하지만 말이에요. 어떻게 보면 반만 셀프 서비스가 되는 셈이죠. 한 가지 더! 만약 개인용 텀블러커피를 담는 컵를 가져가시면 커피를 마실 때 1위안우리 돈 200원을 할인받을 수 있답니다.



옛날 생각이 나네요. 제가 처음 베이징으로 유학을 왔을 때 가끔 한국에서 즐겨 먹던 햄버거나 치킨, 피자 같은 패스트푸드가 그리웠거든요. 그 당시만 해도 베이징에는 맥도날드와 KFC 같은 패스트푸드점이 많지 않아서 햄버거 하나를 사 먹으려면 택시를 타고 멀리까지 나가야 했으니까요. 이렇게 왔다 갔다 하면 왕복 택시비가 음식 값보다 더 많이 나올 때도 있었죠. 배보다 배꼽이 더 컸다고나 할까요?^^ 지금은 뭐 KFC나 맥도날드는 정말 셀 수조차 없을 정도로 많고, 피자헛ㆍ도



저는 평소에 커피를 별로 즐겨 마시진 않지만 가끔 친구들과 푹신한 쇼파에 앉아 한없이 수다를 떨고 싶을 땐 괜찮은 분위기의 별다방을 찾곤 한답니다. 현재 베이징에는 70개가 넘는 스타벅스 매장이 있는데, 그 중에서 제가 즐겨 찾는 별다방 한 군데를 소개해 볼게요.
자금성 북쪽에 위치한 북해 공원의 북문 맞은편에는 '스치하이 什刹海 Shíchàhǎi'라고 하는 큰 호수가 있습니다. 호수가 시작되는 입구에는 한자로 '荷花市場'이라고 쓰여진 문이 서 있는데, 바로 그 안쪽에 중국 고택의 모습을 한 스타벅스 매장이 있습니다. 외관이며 매장 인테리어가 꽤 중국스럽죠. 날씨가 화창한 날 노천 테이블에 앉아 한적한 호수를 바라보며 마시는 에스프레소 한 잔, 이곳에선 30위안의 커피 값이 별로 아깝지 않답니다.

미노 피자 · Mr. pizza 같은 피자 전문점과 시즐러 · 아웃백 · T.G.I 같은 패밀리 레스토랑도 베이징 곳곳에 분점을 두고 있답니다. 참! 한국의 빵집인 파리바게트나 뚜레주르도 만나볼 수가 있고요.

그럼 중국 사람들이 가장 좋아하는 외국의 패스트푸드점은 어디일까요? 바로 맥도날드와 KFC인데요, 맥도날드를 중국에서는 '마이땅라오 麦当劳 Màidānglǎo'라고 부르고, KFC는 '컨더지 肯德基 Kěndéjī'라고 합니다. 발음이 참 재미있죠? 중국에서는 외국 외식업체의 이름을 비슷한 발음의 한자로 바꿔서 표기하는데요, 이렇게 만들어진 중국식 이름은 발음만 비슷한 게 아니라 나름대로 의미심장(?)한 뜻을 담고 있죠. '컨더지 肯德基 Kěndéjī'는 '켄터키 프라이드 치킨'의 'Kenturky'를 차음해서 만들었는데, 발음도 비슷하고 '긍정적이고 덕을 기본으로 하는 곳'이란 좋은(?) 뜻을 담고 있어요. '마이땅라오 麦当劳 Màidānglǎo'는 얼핏 들으면 원어 발음과 차이가 나지만, 광둥어로 발음할 경우 영어 'Macdonald's'에 좀 더 가까운 발음이 난다고 하네요. 뜻을 풀이하자면 '노동자에게 적합한 빵' 정도가 되겠고요.

중국의 맥도날드와 KFC 매장은 언제나 사람들로 붐비는데요, 특히 점심 시간이나 퇴근 시간에는 앉을 자리가 없을 정도입니다. 음식 가격을 보면 햄버거에 탄산음료, 감자 칩이

포함된 세트 메뉴가 대략 20~25위안우리 돈 4,000~5,000원 사이로, 가볍게 먹는 식사 치곤 꽤 비싼 편이라고 할 수 있죠. 중국에선 이 정도 금액이면 웬만한 분식점 小吃店 xiǎochīdiàn샤오츠디엔에서 볶음밥이나 만두 또는 국수로 거하게 한 끼 식사를 해결할 수도 있으니까요. 그럼에도 불구하고 주머니가 비교적 가벼운 학생부터 깔끔하게 정장을 차려입은 회사원, 심지어는 나이가 지긋하신 어르신까지, 남녀노소 할 것 없이 햄버거를 즐겨 먹는 걸 보면 서양의 패스트푸드가 중국인들의 입맛을 단단히 사로잡은 것 같아요.



중국 여행을 다녀온 많은 분들이 현지의 KFC나 맥도날드에 갔을 때 말이 안 통해 무척 고생을 했다는 얘기를 종종 하세요. '왜 맥도날드에서 말이 안 통하지? 거기도 메뉴는 우리랑 비슷할 텐데……' 라고 생각하실 수도 있어요. 중국에선 치즈버거, 핫윙, 프렌치 프라이 같은 간단한 메뉴도 중국어가 아닌 영어로 말하면 점원들이 잘 알아듣지 못하거든요. 심지어는 '케첩'이란 말도 중국어로 하지 않으면 못 알아들어 애를 먹을 때가 있어요. 손가락으로 메뉴판을 가리키며 "쩌 거! 쩌 거!这个! 这个! Zhè ge! Zhè ge!이거요, 이거!"라고 말해도 되지만, 그러면 폼이 안 나잖아요. 그럼 제가 중국의 KFC나 맥도날드 같은 패스트푸드점에서 음식을 주문하는 방법에 대해서 알려드릴게요.

햄버거는 중국어로 '한바오바오 汉堡包 hànbǎobāo'라고 합니다. 이 역시 영어 'Hamburger'를 음역해 만든 것이죠. 각 패스트푸드점에서 파는 햄버거에도 저마



저는 개인적으로 빅맥이나 치즈버거 같은 햄버거를 먹을 때는 맥도날드를, 그리고 커피나 간단한 음료를 마실 때는 KFC를 주로 이용합니다. 중국 KFC에서 파는 원두커피는 여느 커피 전문점 못지않게 맛이 괜찮거든요. 또 오븐에서 갓 구워 낸 '푸스 딴타葡式蛋挞 púshì dàntà'라고 하는 포르투갈식 에그타르트도 무척 맛있고요. 그래서 KFC는 제가 카페의 개념으로 많이 활용한답니다.

맥도날드의 경우에는 신세대 올빼미족을 겨냥해 24시간 영업을 하는 매장을 베이징 곳곳에 열었고요, 또 빠른 속도로 늘어나는 자가용족을 위해 차 안에서도 음식 주문이 가능한 드라이브-쓰루Drive-Thru 서비스가 도입된 매장도 하나둘씩 생겨나고 있답니다. 베이징은 정말이지 나날이 살기 편한 도시가 되어가는 듯하네요.^^

근데 어쩌죠? 이렇게 먹고자 하는 세트 메뉴를 선택하면 주문 끝이 아니에요. 왜냐하면 중국 점원이 계속해서 뭔가를 이것저것 물어보거든요. 그것도 아주 빠른 속도의 중국어로 말이죠. '음료수 사이즈는 어떤 걸로 드려요? 감자 칩은 작은 거, 중간 거, 큰 거 중에 어떤 걸로 드릴까요?', '음료수에 얼음은 넣을까요, 뺄까요?' 등등 말이에요.

이런 질문에 대충 대답을 한다 해도 또 다시 질문 공세가 이어지는데요, '이번에 새로 나온 파이가 있는데 한번 드셔 보실래요?', 할인 쿠폰은 있으신가요?', '여기서 드실 거예요, 아님 포장해 가실 거예요?' 등등 휴우~ 정말 정신이 하나도 없죠. 뒤에 줄 선 사람은 많지, 말은 못 알아듣겠지, 정말 진땀이 나죠.

어쩌면 '애 중국 음식점에 가선 메뉴판을 못 읽어 엉뚱한(?) 음식을 시켜 먹었는데, 패스트푸드점에 와서까지 이런 고생을 하다니……' 뭐 이런 처량한 생각이 들 수도 있겠네요. 하지만 너무 걱정하지 마세요. 이렇게 좌충우돌 다양한 경험을 해야 중국어 실력이 쑥쑥 올라가니까요!

다 중국식 이름이 있는데요, 맥도날드의 간판 상품인 빅맥은 중국어로 '쥐우바 巨无霸 jùwúbà'라고 하고, 치즈버거는 '지스 한 바오 吉士汉堡 jíshì hànbǎo'라고 합니다. 또 KFC의 징거버거는 '샹라 지 투이바오 香辣鸡腿堡 xiānglà jītuǐbǎo', 버거킹의 와퍼버거는 '화바오 华堡 huábǎo'라고 하고요. 우리에게 익숙한 햄버거 이름을 중국어로 발음하려니 많이 어색하시죠? 그리고 감자 칩은 '슈티아오 薯条 shǔtiáo'라고 하고, 탄산음료는 '치쉐이 汽水 qìshuǐ'라고 하는데, 그 중에서도 콜라는 '컬러 可乐 kělè', 사이다는 '쉐삐 雪碧 xuěbì', 환타는 '펀다 芬达 fēndá'라고 합니다.

중국의 세트 메뉴 套餐 tàocān 타오찬 역시 햄버거, 감자 칩, 탄산음료 이렇게 세 가지로 구성되어 있는데요, 점원이 서 있는 카운터 뒤쪽 상단을 보시면 여러 가지 세트 메뉴가 번호로 매겨져 있습니다. 1번은 빅맥 세트, 2번은 치킨버거 세트, 3번은 피쉬버거 세트 이렇게 말이죠. 그래서 주문을 할 때는 원하는 햄버거 세트의 이름을 직접 말할 필요 없이 그냥 세트 메뉴의 번호를 말하시면 됩니다. 자! 그럼 제가 예를 한번 들어 볼게요.

만약 1번 세트 메뉴를 주문하고 싶으시면 1번이란 뜻의 '이 하오 一号 yí hào'를 사용해서 "라이 이 거 이 하오 타오찬! 来一个一号套餐! Lái yí ge yí hào tàocān! 1번 세트 메뉴 하나 주세요!"이라고 말씀하시면 됩니다. 여기서 '라이 来'는 '~ 주세요', '이 거 一个'는 '한 개', '타오찬 套餐'은 '세트 메뉴'의 뜻이에요.

2번 세트 메뉴를 주문하려면 2번이란 뜻의 '얼 하오 二号 èr hào'를 써서

"라이 이 거 얼 하오 타오찬! 来一个二号套餐! Lái yí ge èr hào tàocān! 2번 세트 메뉴 하나 주세요!"이라고 하면 되겠죠? 3번은 '싼 하오 三号 sān hào', 4번은 '쓰 하오 四号 sì hào'를 대신 넣으면 되고요. 무척 간단하죠?

패스트푸드점에서 음식을 주문할 때 필요한 중국어 공식 '라이 来 Lái + 이거 一个 yí ge + 세트 메뉴 번호 + 타오찬 套餐 tàocān'을 꼭 기억해 두세요!!

## 중국식 패스트푸드 콰이찬팅

중국에는 맥도날드나 KFC 같은 서양식 패스트푸드점 외에도 중국 음식을 패스트푸드화한 체인점 형태의 식당이 많이 있습니다. 이러한 식당을 중국에서는 '콰이찬팅 快餐厅 kuàicāntīng'이라고 부르는데, 말 그대로 '음식이 빨리 快 kuài 콰이 나오는 식당 餐厅 cāntīng 찬팅'이란 뜻입니다. 만두나 국수, 덮밥 같이 중국 사람들이 즐겨 먹는 메뉴를 깔끔한 식당에서 그것도 빠른 시간 안에 먹을 수 있는 장점 때문에 많은 도시인들의 사랑을 받고 있답니다. 그럼 제가 베이징이나 상하이 같은 대도시에서 인기가 많은 콰이찬팅 몇 군데를 소개해 볼게요.

우리나라에 '김밥천국'이 있다면 중국에는 '용허따왕 永和大王 Yŏnghé Dàwáng'이 있습니다. 베이징의 대학가, 쇼핑센터의 푸드 코트, 기차역, 왕푸징 같은 번화가는 물론 서민들이 모여 사는 후통에도 이 체인점이 있을 정도로 현지에서 인기가 아주 좋은 콰이찬팅입니다. 이곳에는 소고기를 우려낸 국물로 만든 '니우로우미엔 牛肉面 niúròumiàn'과 같은 국수 종류와 각종 덮밥류·만두·완자탕 등 가볍게 한 끼 식사를 해결할 수 있는 메뉴가 많습니다. 특히 머그 한가득 나오는 따뜻한 두유인 '또우쟝 豆浆 dòujiāng'과 기름에 갓 튀겨 낸 쫄깃한 꽈배기 빵 '요우티아오 油条 yóutiáo'는 꼭 맛보도록 하세요. 참! 이곳은 24시간 영업을 한다는 점도 매력 중 매력이랍니다.

용허따왕의 인기 메뉴 요우티아오

일본식 덮밥 전문점인 요시노야吉野家 Jíyě... Jíyějiā지예지아도 '용허따왕'만큼이나 인기가 좋아 베이징 곳곳에 체인점이 있습니다. 저도 밥 하기 귀찮은 날 종종 이용하는데, 중간 크기의 쇠고기 덮밥牛肉饭 niúròufàn니우로우판이나 야채 닭고기 덮밥鲜蔬鸡肉饭 xiānshū jīròufàn시엔슈 지로우판에 일본식 된장국인 미소味噌汤 wèicēngtāng웨이청탕를 한 그릇 시켜 먹으면 든든한 한 끼 식사가 완성됩니다. 이곳에선 우리의 김치 泡菜 pàocài파오차이를 사이드 디시로 주문할 수가 있는데요, 맛도 괜찮고 가격도 착한데 양이 적은 게 조금 흠이라면 흠일까요?

국수 전문점인 '캉스푸 쓰팡 니우로우미엔 康师傅私房牛肉面 Kāngshīfu Sīfáng Niúròumiàn'도 한창 뜨고 있는 식당입니다. 캉스푸는 타이완 식품회사로 중국 인스턴트 라면 시장 점유율 1위를 차지하고 있는, 중국 라면 시장의 대명사이죠. 깔끔한 인테리어가 돋보이는 이곳에는 수십 가지의 국수가 있는데, 그 중에서도 중국 사람들에게 가장 인기가 좋은 메뉴가 '홍샤오 니우로우미엔红烧牛肉面 hóngshāo niúròumiàn장조림 쇠고기면'입니다. 메뉴판을 보면 한 그릇에 무려 108위안우리 돈 약 2만 원이나 하는 한정판 갈비탕

캉스푸의 면 요리

면이 눈에 들어옵니다. 하루에 딱 10그릇만 판다는데, 국수 치고는 가격이 엄청나(?) 누가 사 먹을까 싶지만 금세 10그릇이 다 팔린다고 해요.

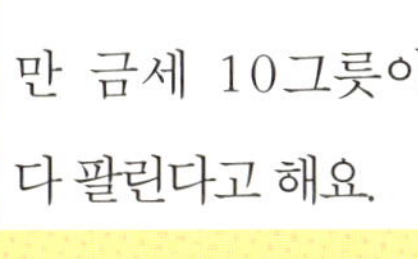

# Chapter 2

## Conversation



환잉 꽝린, 마이땅라오!

A　欢迎光临，麦当劳！　　어서 오세요. 맥도날드입니다.

Huānyíng guānglín, Màidāngláo!

라이 이 거 지스 한바오 타오찬

B　来一个吉士汉堡套餐[1]。　　치즈버거 세트 하나 주세요.

Lái yí ge jíshì hànbǎo tàocān.

닌 허 션머 인랴오?

A　您喝什么饮料[2]？　　음료수는 어떤 거로 드려요?

Nín hē shénme yǐnliào?

커러! 야오 삥콸.

B　可乐[3]！ 要冰块儿[4]。　　콜라요. 얼음도 주세요.

Kělè! Yào bīngkuàir.

닌 하이 쉬야오 비에더 마?

A　您还需要别的吗[5]？　　더 필요하신 거 있으세요?

Nín hái xūyào biéde ma?

라이 량 콸 라지츠.

B　来两块儿辣鸡翅[6]。　　핫윙 두 조각 주세요.

Lái liǎng kuàir làjīchì.

닌 야오 따이조우, 하이스 짜이 쪌 츠?

A　您要带走，还是在这儿吃[7]？　　포장해 가실 거예요, 아니면 여기서 드실 거예요?

Nín yào dàizǒu, háishi zài zhèr chī?

짜이 쪌 츠

B　在这儿吃。　　여기서 먹을 거예요.

Zài zhèr chī.

**1**

라이 来 lái 는 ~주세요, 이 거 一个 yí ge 는 한 개, 지스 吉士 jíshì 는 치즈로 영어 Cheese를 음역한 것입니다. 한바오 汉堡 hànbǎo 는 햄버거, 타오찬 套餐 tàocān 은 세트 메뉴의 뜻이고요.

**2**

허 喝 hē 는 마시다, 션머 什么 shénme 는 무엇, 인랴오 饮料 yǐnliào 는 음료수를 말합니다.

**3**

커러 可乐 kělè 는 콜라를 가리킵니다. 중국어서는 코카콜라를 커코우커러 可口可乐 Kěkǒukělè 라고 합니다. 하나 더! 펩시콜라는 바이스커러 百事可乐 Bǎishìkělè 라고 합니다.

**4**

빙콸 冰块儿 bīngkuàir 은 얼음입니다. 우리나라 패스트푸드점어서는 탄산음료에 얼음을 당연하게 넣어 주지만 중국 사람들은 따뜻한 차를 마시는 게 습관이 되어서인지 음료수에 얼음을 빼서 먹는 경우가 많아요. 그래서 점원들은 항상 "얼음을 넣어 드릴까요?"라고 물어본답니다. 만약 "얼음은 빼 주세요!"라고 말하고 싶으시면 "부야오 빙콸 不要冰块儿。 Búyào bīngkuàir."이라고 하시면 됩니다.

**5**

하이 还 hái 는 또, 더이고, 쉬야오 需要 xūyào 는 필요하다, 비어더 别的 biéde 는 다른 것의 뜻입니다.

**6**

따이조우 带走 dàizǒu 는 가지고 가다이고, 하이스 还是 háishi 는 또는, 아니면으로 영어 or와 같은 뜻이며 의문문에 쓰여 선택을 나타냅니다. 짜이 在 zài 는 ~에서, 쩔 这儿 zhèr 은 여기, 이곳, 츠 吃 chī 는 먹다의 뜻입니다. 만약 점원어게 "싸 가지고 갈 건데요!"라고 말하려면 "워 야오 따이조우! 我要带走！ Wǒ yào dàizǒu!"라고 하시면 됩니다.

**7**

량 콸 两块儿 liǎng kuàir 어서 콸 块儿 kuàir 은 조각을 세는 단위로, 패스트푸드점어서 치킨을 주문할 때 자주 쓰이는 양사입니다. 라지츠 辣鸡翅 làjīchì 는 핫윙으로, 라 辣 là 는 매운, 지츠 鸡翅 jīchì 는 닭 날개의 뜻이죠. 참! 중국의 맥도날도나 KFC어서 핫윙을 주문할 때는 항상 쌍으로 주문해야 한답니다. 2조각 两块儿 liǎng kuàir, 4조각 四块儿 sì kuàir, 6조각 六块儿 liù kuàir 이렇게 말이에요.

와퍼 세트 하나 주세요!

라이 이 거 화바오 타오찬.
来一个华堡套餐。
Lái yí ge huábǎo tàocān.

감자 칩은 큰(작은/중간) 걸로 주세요.

슈티아오 야오 따(쫑/샤오)더!
薯条要大(中/小)的！
Shǔtiáo yào dà(zhōng/xiǎo) de!

콜라 주세요!

워 야오 커러.
我要可乐！
Wǒ yào kělè!

얼음은 빼 주세요.

부야오 삥쾀!
不要冰块儿！
Búyào bīngkuàir!

케첩 좀 많이 주세요!

뚜어 게이 디엔 판치에쟝!
多给点番茄酱！
Duō gěi diǎn fānqiéjiàng!

빨대는 어디에 있나요?

시관 짜이 날?
吸管在哪儿?
Xīguǎn zài nǎr?

여기서 먹을 거예요.

워 야오 짜이 쩔 츠!
我要在这儿吃！
Wǒ yào zài zhèr chī!

싸 가지고 갈 거예요.

워 야오 따이조우!
我要带走！
Wǒ yào dài zǒu!

얼마나 기다려야 해요?

야오 덩 뚜어창 스지엔?
要等多长时间?
Yào děng duōcháng shíjiān?

# China talk

이것만은 꼭 알고 싶다!

## 옛날 황궁에도 스타벅스가 있었다?

여러분은 스타벅스가 명·청 시대의 황궁이었던 자금성故宮 Gùgōng꾸궁 안에도 있었다는 사실을 아시나요? 우리나라로 치면 경복궁 안에 스타벅스 매장이 있는 것과도 같죠. 중국에서 말도 많고 탈도 많았던 이 자금성 안의 스타벅스는 결국 오픈한 지 7년 만인 2007년 7월에 완전히 문을 닫게 되었습니다.

사건의 발단은 이랬습니다. 중국 중앙방송국CCTV의 한 유명 앵커가 자신의 블로그에 올린 글이 논쟁의 시작이 되었죠. 그 글은 '저급한 미국의 음식 문화가 중국 문화의 상징인 자금성에서 영업을 한다는 것은 중국의 존엄성과 문화를 침해하는 행위이다.'라는 내용이었죠. 그 후 자금성 안의 스타벅스를 즉각 없애야 한다는 여론이 들끓었고, 결국 자금성 관리 당국은 자금성 안에서 파는 커피는 물론 모든 음식물의 브랜드를 '故宮'으로 통일해야 한다는 행정 규칙을 만들었죠. 그래서 스타벅스 측에 "커피를 팔려면 스타벅스 로고가 아닌 '故宮'의 상표를 붙이고 영업을 하라."라고 했고, 스타벅스 측은 이를 거절했죠.

중국의 유명 관광지인 '빠다링八达岭 Bādálǐng만리장성의 한 부분'에도 스타벅스 체인점이 있는데요, 2005년도에 처음 오픈해서 현재까지 성업 중이죠. 과연 이곳은 전통 문화를 사랑하는 중국인들의 철퇴(?)를 피할 수 있을까요?

# 맥도날드와 KFC는 셀프 서비스가 아니다?

중국 맥도날드나 KFC에 가면 조금 특이한 광경을 볼 수가 있습니다. 사람들이 음식을 다 먹고 나서 쓰레기 처리 같은 뒷정리를 하지 않고 그냥 자리를 뜨는 모습인데요, 우리에겐 무척 생소한 광경이죠. 중국에선 손님이 직접 쓰레기를 처리하지 않고 점원이 다 알아서 치워 주거든요. 우리나라에선 셀프 서비스란 개념이 보편적이지만 중국은 아직까지 그런 문화가 없는 것 같아요. 행여라도 직접 치우려고 하면 어느새 점원이 다가와 뒷정리를 대신 해 준답니다. 완전히 일반적인 식당의 개념이랄까?

처음엔 저도 살짝 무안해서 직접 치웠는데, 어느새 중국 사람이 다 됐는지 은근 슬쩍 자리를 뜨는 횟수가 점점 늘어났죠.^^ 가끔은 알 수 없는 죄책감(?)에 쟁반을 들고 쓰레기통으로 향하지만 어디선가 나타난 점원이 "이리 주세요!" 하며 잽싸게 쟁반을 낚아채기도 한답니다. 이런 몹쓸(?) 습관이 몸에 배어서인지 심지어 한국에 있는 패스트푸드점에 가서도 뒷정리를 하지 않고 그냥 자리를 떴던 적이 한두 번이 아니었답니다. 정말 무의식중에 말이에요. 아마 중국에서 오랫동안 생활하셨던 분들 중에는 저와 비슷한 경험을 하신 분이 많을 거예요. 습관이란 게 참 무섭죠? 하지만 로마에 가면 로마 법을 따라야 하잖아요. ^^;;

all About Beijing

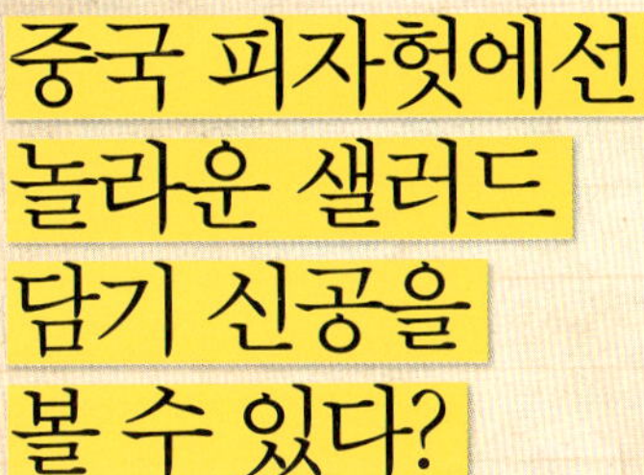

현재 베이징에는 피자헛뿐만 아니라 도미노 피자와 파파존스, 한국의 미스터 피자까지 다양한 브랜드의 피자 전문점이 있는데요, 그 중에서도 중국 사람들은 '비셩커 必胜客 Bìshèngkè'라고 불리는 피자헛을 가장 좋아한답니다.

중국의 피자 가격은 어떨지 궁금하시죠? 음, 두세 명이 피자헛에 가서 라지 피자 한 판에 샐러드 한 접시, 그리고 콜라 같은 음료수를 시키면 적어도 200위안우리 돈 4만 원은 족히 나오니까 꽤 비싼 편이라고 할 수 있죠. 피자를 중국에선 '비싸빙 比萨饼 Bǐsàbǐng'이라고 하는데, 말 그대로 정말 비싸죠? ^^ 그럼에도 불구하고 데이트를 즐기는 젊은 연인들과 외식을 나온 가족들로 언제나 붐비죠. 특히 크리스마스 이브가 되면 문밖까지 길게 줄을 서는 진풍경이 벌어지기도 한답니다.

아참! 중국 피자헛에서는 콜라가 리필이 되지 않고, 샐러드 바도 이용할 수 없어요. 예전 중국 내 피자 집에서는 샐러드 바를 딱 한 번 이용할 수 있었는데요. 당시 중국 사람들은 예술의 경지라고 할 정도로 조그만 접시에 각종 샐러드를 담았다고 합니다. 중국의 어느 블로그에는 '피자헛에서 샐러드 많이 담는 비법'을 소개한 글과 사진이 올라왔는데, 탑을 쌓듯 정성스레 쌓아올린 샐러드의 높이가 30cm를 훌쩍 넘겼답니다. 무슨 예술 작품처럼 모양도 예쁘고요. 이제는 실제로 볼 수 없는 풍경이라서 조금 아쉽네요.^^;;

## 중국 KFC에 가면 뭔가 특별한 메뉴가 있다?

중국 KFC에는 전 세계 어느 지점에도 없는 특별한 중국식 메뉴가 있답니다. 최근 KFC에서는 중국 서민들이 아침 식사로 가장 즐겨 먹는 '요우티아오 油条 yóutiáo기름에 튀긴 꽈배기 빵'를 선보였는데요, 정식 이름은 '안씬 요우티아오 安心油条 Ānxīn yóutiáo'입니다. 길거리에서 파는 요우티아오는 밀가루 반죽을 튀기는 기름에 불순물이 첨가되어 있거나 깨끗하지 않은 식용 기름을 사용해서 항상 논란이 있었거든요. 그래서 KFC에서는 이름 앞에 '안심하다'란 뜻의 '안씬 安心 ānxīn'을 붙인 '안심하고 먹을 수 있는 꽈배기 빵'을 아침 메뉴로 내놓은 거죠. 개당 3위안우리 돈 600원으로 길에서 파는 것보다 몇 배나 비싸지만 담백하고 맛이 괜찮더라고요. 이것 말고도 밀전병 안에 닭고기 튀김과 춘장 소스, 오이, 파 등을 넣어 만든 '라오 베이징 지로우쥐엔 老北京鸡肉卷 lǎo Běijīng jīròujuǎn전통 베이징식 닭고기쌈'이라는 메뉴도 있고, 국이나 죽을 좋아하는 중국 사람들을 겨냥해 야채 수프, 닭고기가 들어있는 버섯죽 같은 메뉴도 팔고 있죠. 항상 중국 사람들의 입맛에 맞게 본토화한 메뉴를 끊임없이 개발해서인지 중국 KFC는 남녀노소 가리지 않고 항상 사람들로 북적인답니다. 근데 왜 중국 KFC 앞에는 흰 양복을 입은 KFC 할아버지가 안 서 있는 걸까요?

여러분은 '후터스HOOTERS'란 이름의 레스토랑을 아시나요? 미국에 본점이 있고 세계 각국에 체인점을 둔 후터스는 핫팬츠를 입은 글래머러스한 금발 미녀가 서빙을 하는 곳으로 유명한 식당이죠. 이 후터스는 2004년에 중국 상하이에 1호점을 냈고, 최근에는 베이징에도 분점을 냈죠. 우리나라의 후터스는 2007년에 처음 문을 열었는데, 사회주의 국가인 중국에서 훨씬 빨리 오픈한 셈이네요.

음란하지 않은 건강한 섹시함을 마케팅 전략으로 삼는다는 중국 후터스가 처음 상하이에 오픈할 당시 70여 명의 후터스 걸을 모집했는데, 지원자가 1,000명이 넘게 왔다고 해요. 거의 웬만한 미인 대회 수준이죠. 이곳에서 파는 메뉴는 아웃백이나 T.G.I 같은 일반 패밀리 레스토랑과 거의 비슷하지만, 시원한 생맥주와 치킨윙이 특히 유명하죠. 중국의 후터스 걸도 미국 본토의 후터스 걸이 입는 복장을 그대로 착용하고, 매 시간 손님의 흥을 돋우기 위해 의자에 올라가 박수를 치거나 춤을 추는 등의 쇼를 합니다. 이곳에 앉아 가슴이 깊게 파인 흰색 탱크톱에 오렌지색 핫팬츠를 입은 후터스 걸이 서빙하는 맥주를 마시고 있으면 '정말 여기가 사회주의 국가인 중국 맞아?'라는 말이 절로 나오죠.

잠깐! 후터스의 중국식 이름은 '**마오토우잉 찬팅**猫头鹰餐厅 Māotóuyīng cāntīng올빼미 레스토랑'입니다. 영어 'HOOTERS'는 '올빼미'란 뜻이지만, 속어로 '여자의 큰 가슴'을 뜻합니다.

# HOt tIP

**당당하게 주문하자~ 메뉴 보는 법!!**

아무리 맛있어도 매일 먹기엔 물리는 중국 음식… 그럴 때 우리를 구원해 주는 맥도날드 · KFC · 스타벅스는 너무나 소중합니다. 하지만 만일 중국어로 메뉴를 못 읽어서 주문을 못한다면 이 얼마나 비극일까요? 영어를 알아듣는 직원이 점점 늘곤 있지만 아직도 바닐라 프라푸치노와 치킨 너겟을 못 알아들어 애를 먹는 경우가 종종 생기거든요. 좋아하는 메뉴는 중국어 발음을 외워서 주문해 보세요! 로마에 가면 로마법을 따라야 하잖아요?

## 스타벅스 메뉴판

카페 라떼拿铁 nátiě 나티에

바닐라 라떼香草拿铁 xiāngcǎo nátiě 샹차오 나티에

카푸치노卡布奇诺 kǎbùqínuò 카뿌치누오

카페 모카摩卡 mókǎ 모카

아이스 카페 라떼冰拿铁 bīng nátiě 삥 나티에

카페 아메리카노美式咖啡 měishì kāfēi 메이스 카페이

카라멜 마끼아또焦糖玛奇朵 jiāotáng mǎqíduǒ 쟈오탕 마치두오

에스 프레소浓缩咖啡 nóngsuō kāfēi 농수오 카페이

카라멜 프라푸치노焦糖星冰乐 jiāotáng xīngbīnglè 쟈오탕 씽뻥러

초콜릿 프라푸치노巧克力星冰乐 qiǎokèlì xīngbīnglè 챠오커리 씽뻥러

바닐라 프라푸치노香草星冰乐 xiāngcǎo xīngbīnglè 샹차오 씽뻥러

녹차 프라푸치노抹茶星冰乐 mǒchá xīngbīnglè 모차 씽뻥러

얼 그레이伯爵红茶 bójué hóngchá 보쥐에 홍차

잉글리쉬 브렉퍼스트英式红茶 yīngshì hóngchá 잉스 홍

우유牛奶 niúnǎi 니우나이

주스果汁 guǒzhī 궈즈

WHOLE MILK全脂奶 quánzhīnǎi 취엔즈나이

NONFAT脱脂奶 tuōzhīnǎi 투오즈나이

시럽糖浆 tángjiāng 탕쟝

휘핑 크림鲜奶油 xiānnǎiyóu 시엔나이요우

스몰/톨/그란데 小杯/中杯/大杯
xiǎobēi/zhōngbēi/dàbēi 샤오뻬이/쫑뻬이/따뻬이

## 맥도날드 메뉴판

햄버거 汉堡包 hànbǎobāo 한바오빠오

치즈버거 吉士汉堡 jíshì hànbǎo 지스 한바오

더블 치즈버거 双层吉士汉堡 shuāngcéng jíshì hànbǎo 수앙청 지스 한바오

스페셜 그릴 치킨버거 特级板烧鸡腿堡 tèjí bǎnshāo jītuǐbǎo 터지 반샤오 지투이바오

스파이시 치킨 스낵랩 麦辣鸡柳卷 màilàjī liǔjuǎn 마이라지 리우쥐엔

빅맥 巨无霸 jùwúbà 쥐우빠

맥치킨 麦香鸡 màixiāngjī 마이샹지

맥피쉬 麦香鱼 màixiāngyú 마이샹위

핫 스파이시 버거 麦辣鸡腿汉堡 màilàjītuǐ hànbǎo 마이라지투이 한바오

핫윙 辣鸡翅 làjīchì 라지츠

치킨 너겟 麦乐鸡 màilèjī 마이러지

감자 칩 薯条 shǔtiáo 슈티아오

애플 파이 苹果派 píngguǒ pài 핑궈 파이

콘 아이스크림 圆筒冰淇淋 yuántǒng bīngqílín 위엔통 삥치린

콘 샐러드 甜香玉米 tiánxiāng yùmǐ 티엔샹 위미

선데이 아이스크림(초콜릿/딸기/바닐라)
新地(巧克力/草莓/香草)
xīndì(qiǎokèlì/cǎoméi/xiāngcǎo) 신띠 (챠오커리/차오메이/샹차오)

## KFC 메뉴판

오리지널 치킨 吮指原味鸡 shǔnzhǐ yuánwèijī 슌즈 위엔웨이지

핫 치킨윙 香辣鸡翅 xiānglà jīchì 샹라 지츠

치킨 너겟 上校鸡块 shàngxiào jīkuài 샹샤오 지콰이

치킨 야채 버거 田园脆鸡堡 tiányuán cuìjībǎo 티엔위엔 추이지바오

징거 버거 香辣鸡腿堡 xiānglà jītuǐbǎo 샹라 지투이바오

멕시칸 트위스터 墨西哥肌肉卷 mòxīgē jīròujuǎn 모시꺼 지로우쥐엔

콘 버터 香甜玉米棒 xiāngtián yùmǐbàng 샹티엔 위미빵

감자 스틱 香脆薯棒 xiāngcuì shǔbàng 샹추이 슈빵

패밀리 세트 外带全家桶 wàidài quánjiātǒng 와이따이 취엔지아통

콘 샐러드 玉米沙拉 yùmǐ shālā 위미 샤라

매시드 포테이토 土豆泥 tǔdòuní 투또우니

포르투갈식 에그타르트 葡式蛋挞 púshì dàntà 푸스 딴타

# part 6

北京

# in beijing

쇼퍼홀릭이여
베이징으로 오라~

# Beijing Story

베이징의 새로운 쇼핑 명소
싼리툰 빌리지

**쇼핑이 즐거워지는 도시**

중국의 수도 베이징에는 해외 유명 브랜드가 가득 입점한 아시아 최대의 쇼핑몰에서부터 최첨단 전자 제품을 살 수 있는 전자 제품 단지, 중국풍의 고가구나 공예품 같은 앤티크 제품을 살 수 있는 골동품 시장, 전국 각지에서 생산되는 희귀한 명차名茶가 즐비한 차 시장, 그리고 전 세계 미술계에 중국 돌풍을 일으키고 있는 젊은 중국 화가들의 감각적인 그림을 살 수 있는 갤러리까지 그야말로 없는 것이 없는 쇼핑의 천국이라고 할 수가 있습니다.

중국에서는 백화점이나 쇼핑센터를 '바이훠 샹창 百货商场 bǎihuò shāngchǎng' 또는 '꼬우우 쫑씬购物中心 gòuwù zhōngxīn'이라고 합니다. 제가

처음 중국에 갔을 때만 해도 베이징에는 우리나라 백화점같이 국내외 유명 브랜드 제품을 모아 놓고 파는 백화점이 거의 없었습니다. 물론 시내 곳곳에 '○○百货商场'이라는 간판이 붙어 있는 대형 백화점이 있기는 했지만, 그곳에서 파는 물건은 대부분이 중국산이었기 때문에 썩 마음에 드는 물건을 사기가 어려웠거든요.

당시 베이징에서 가장 유명한 백화점으로는 시내에 있는 옌샤 백화점 燕莎友谊商城 Yànshā Yǒuyì Shāngchéng 옌샤 요우이 상청과 싸이터 쇼핑센터 塞特购物中心 Sàitè Gòuwù Zhōngxīn 싸이터 꼬우우 쭝신을 들 수 있는데요, 특히 옌샤 백화점은 베이징 최초의 외국인 전용 백화점이기도 했던 곳입니다. 이 두 백화점에는 10년 전인 그 당시에도 샤넬·디오르·랑콤 같은 유명 코스메틱 브랜드가 입점해 있었고, 지하에 있는 슈퍼마켓에서는 한국산 김치·고추장·신라면 같은 식료품을 비롯한 세계 각국의 수입품을 구입할 수 있어서 베이징에 거주하는 외국인들이 자주 이용하는 곳이었습니다. 하지만 이곳에서 파는 물건들은 대부분이 수입품이어서 한국에 비해서도 상당히 비쌌습니다. 수입 향수 하나에도 중국 돈 700위안 당시 환율로 계산하면 우리 돈 7만원 정도이 넘었으니, 이는 일반 서민의 한 달 월급과 맞먹는 금액이거든요. 그렇기 때문에 일반 서민들은 쉽게 갈 수가 없고 돈 많은 중국 사람들이 주로 쇼핑하는 곳이었습니다.

그로부터 10여 년이 지난 지금 베이징에는 국제 도시라는 이름에 걸맞게 곳곳에 해외 명품 브랜드가 잔뜩 입점한 대형 쇼핑몰이 속속 생겨나

고 있습니다. **신광천지** 新光天地 Xīnguāng Tiāndì 신광 티엔디는 베이징 소비 문화의 정점을 보여 주는 곳으로, 마크 제이콥스·보테가 베네타·샤넬·구찌 등 938개의 럭셔리 브랜드가 빼곡히 입점해 있답니다. 여



기에선 머리부터 발끝까지 명품으로 도배한 베이징 여성들을 만나 볼 수 있죠. 외국 대사관이 밀집한 싼리툰에 위치한 **싼리툰 빌리지** 三里屯 VILLAGE Sānlǐtún VILLAGE 역시 요즘 한창 뜨고 있는 쇼핑몰이에요. 세계적으로 유명한 건축가 쿠마 켄고가 디자인한 이곳엔 명품 숍과 부티크, 호텔, 대형 애플 매장, 한국의 메가박스 등이 위치해 있어요. **더 플레이스** 世贸天阶 Shìmào Tiānjiē 스마오 티엔지에란 쇼핑몰은 타이라 뱅크스가 진행하는 '도전! 슈퍼모델' 시즌9에 나온 곳인데, 야외에 설치된 250m 길이의 스카이 스크린은 절대 놓쳐선 안 될 볼거리입니다. 만리장성만큼이나 웅장하고 화려하다면 너무 과장일까요?

신광천지

더 플레이스

베이징에서 쇼핑의 즐거움을 100% 만끽할 수 있는 곳이 바로 왕푸징 거리 王府井大街 Wángfǔjǐng dàjiē왕푸징 따지에입니다. '왕푸징'이란 지명은 예전에 이곳에 황실의 저택과 우물이 많았다고 하여 지어진 이름이에요. 남북으로 시원하게 뻗은 거리의 양쪽에는 대형 백화점과 쇼핑몰, 100년 역사의 전통 브랜드 상점 老字号 lǎozìhào 라오쯔하오, 관광객을 위한 기념품 숍 등이 빼곡히 늘어서 있습니다. TV 속에서만 보던 신기한(?) 먹거리가 가득한 유명한 먹자골목도 두 군데나 있고요. 베이징 최고의 번화가답게, 세계 각국에서 모여든 여행객과 중국 소도시에서 상경한 단체 관광객, 쇼핑 나온 현지의 커플들로 1년 365일 언제나 인산인해를 이룹니다.

왕푸징 거리가 시작되는 지점에는 1900년에 개업해 100년이 넘는 역사와 전통을 자랑하는 베이징 호텔 北京饭店 Běijīng Fàndiàn베이징 판디엔이 자리하고 있습니다. 그 건너편을 보시면 고급 쇼핑몰인 동방 신천지 东方新天地 Dōngfāng Xīntiāndì똥팡 씬티엔띠가 눈에 들어옵니다. 서울의 코엑스몰과 비슷한 곳으로 해외 명품 브랜드가 가득 입점해 있어 점점 고급스러워지는 베이징의 쇼핑 문화를 느낄 수가 있습니다.

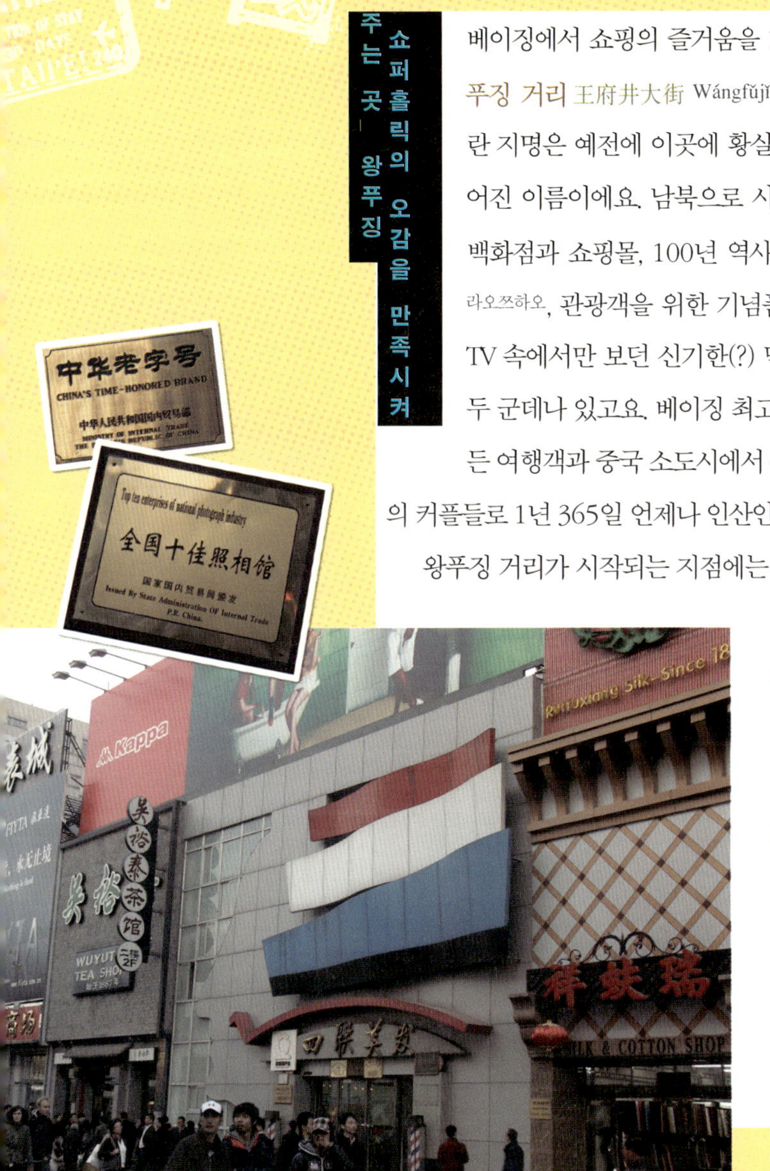

베이징의 교보문고 격인 **왕푸징 서점** 王府井书店 Wángfǔjǐng Shūdiàn왕푸징 슈디엔을 지나면 500m가량 차량 통행이 금지된 보행자의 거리가 시작됩니다. 이 거리를 따라 북쪽으로 조금만 올라가면 50년의 역사를 자랑하는 **베이징 시 백화점** 北京市百货大楼 Běijīngshì Bǎihuòdàlóu베이징스 바이휘따로우이 나옵니다. 뾰족한 시계탑이 인상적인 이 백화점은 건물이 낡아 조금은 투박해 보이지만, 중국 최초로 세워진 현대식 백화점인만큼 한때 베이징에서 가장 잘 나가는 쇼핑 명소였답니다.

여기서 건너편을 보시면 건물 위에 큰 기와를 얹은 듯한 외관의 대형 백화점이 보이실 거예요. 재미있게도 이 백화점의 이름이 **신동안 시장** 新东安市场 Xīndōng'ān Shìchǎng신뚱안 스창입니다. 우리는 '시장' 하면 야채나 과일 등을 파는 재래시장을 떠올리는데, 중국에선 백화점에도 시장이란 이름을 붙이다니 참 재미있죠? 이곳은 원래 1903년에 문을 연 베이징 최초의 상설시장인 동안 시장이 있었던 자리예요.

왕푸징 거리에 가시면 고급 쇼핑몰을 구경하는 것도 좋지만 거리 곳곳에 위치해 있는 '라오쯔하오 老字号 lǎozìhào오랜 역사와 전통을 가진 가게에만 부여하는 칭호'에 꼭 들러 보세요. 제가 몇 군데를 소개해 드릴게요.

먼저 '우위타이 차장 吳裕泰茶庄 Wúyùtài Cházhuāng'은 120년의 역사를 가진 찻잎 가게입니다. 중국 각지에서 생산되는 다양한 차를 시음해 보고 구입할 수가 있답니다.

모자 전문점인 '셩시푸 盛锡福 Shèngxīfú'는 마오쩌둥이 자주 쓰고 다녔던 빵떡모자와 저우언라이 총리가 즐겨 쓰던 털모자를 만드는 등 국내외 정상들을 위한 모자를 만들기로 명성이 자자한 곳이죠.

또 '루이푸샹 瑞蚨祥 Ruìfúxiáng'은 1893년에 개업한 비단 가게로, 최초의 오성홍기를 제작할 때 천을 공급한 곳으로 유명합니다.

참! 우리에게도 잘 알려진 오리구이 전문점 '취엔쥐더 全聚德 Quánjùdé'와 양고기 샤브샤브로 유명한 '똥라이순 판좡 东来顺饭庄 Dōngláishùn Fànzhuāng'도 모두 개업한 지 100년이 넘는 대표적인 라오쯔하오로, 이곳 왕푸징 거리에 위치해 있답니다.

최근에는 한국의 롯데 백화점이 인타임 롯데 乐天银泰百货 Lètiān Yíntài Bǎihuò러티엔 인타이 바이휘란 이름으로 오픈했습니다. 물결 모양의 화려한 건물 디자인이 눈에 띄는 이곳엔, 수많은 명품 브랜드는 물론 빈폴·쌈지·타임·지오지아 등의 한국 브랜드도 입점해 있답니다. 참! 지하 1층에는 롯데리아와 뚜레주르, 8층에는 한국 식당인 대장금이 있어요. 쇼핑하다 다리가 아프면 롯데리아에 잠깐 들러 불고기 버거를 먹으며 휴식을 취하는 건 어떨까요?

인타임 롯데

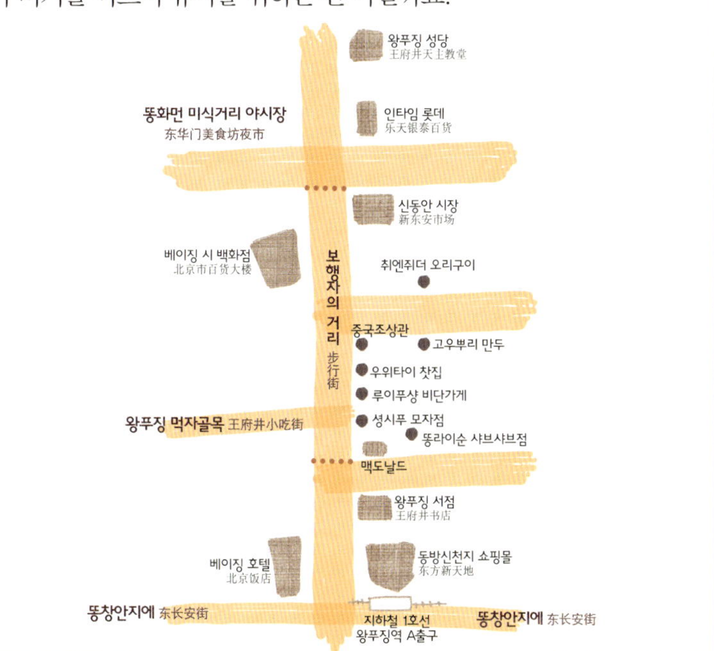

베이징에는 다양한 브랜드의 짝통 아이템을 파는 유명 짝통 시장이 3곳 있어요. 만리장성만큼이나 외국인에게 유명한 실크 시장秀水街 Xiùshuǐjiē시우쉐이지에, 한국인 단체 관광객의 필수 쇼핑 코스인 홍교 시장红桥市场 Hóngqiáo Shìchǎng홍치아오 스챵, 외국 대사관이 모여 있는 싼리툰에 위치한 아수 시장雅秀市场 Yǎxiù Shìchǎng야시우 스챵이 대표적인 곳이에요.

그 중에서도 실크 시장은 외국인 여행객에게 압도적인 지지를 받고 있는 짝통 시장의 대명사예요. 이곳은 만리장성과 자금성만큼 유명하다는 얘기가 결코 과장이 아닐 정도로 인기가 있답니다. '중국 실크', '세계 보석'이란 현수막이 크게 붙어 있는 건물 앞에는 언제나 수십 대의 대형 관광버스가 진을 치고 있답니다. 안에는 전 세계에서 몰려온 여행객들로 바글바글해서 마치 인종 전시장을 방불케 하죠. 베이징 올림픽 때는 부시 대통령을 포함해 세계 각국의 정상급 인사들이 이곳에서 쇼핑을 해서 더욱 유명해졌어요. 이날 부시는 딸과 함께 방문해 7벌의 실크 잠옷을 샀다고 하는데, 이쯤 되면 실크 시장은 명실상부한 국가 대표급 짝통 시장이라고 해도 과언이 아니겠죠?

이곳에는 지하 1층부터 5층까지 샤넬 · 프라다 · 루이비통 · 구찌 같은 명품名牌儿 míngpáir밍팔부터, 나이키 · 아디다스 · 퓨마 · 노스페이스 같은 스포츠 브랜드까지 정말 다양한 이미테이션 상품이 넘친답니다. 물론 짝통 명품 말고도 실크丝绸 sīchóu쓰초우나 캐시미어 羊绒 yángróng양롱 제품, 진주 珍珠 zhēnzhū전주 같은 보석류, 다기茶具 chájù차쮜 같은 중국 공예품도 취급하지만 짝통 물건假货 jiǎhuò지아훠을 사기 위해 오는 사람이 대부분이에요.

인기 만점 짝통 아이템

실크시장에서 인기 있는 짝통 아이템은 지갑 · 핸드백 · 시계 · 실크 잠옷 · 노스페이스 재킷등이에요. 이곳은 바가지가 워낙 심해 흥정 자체가 상당히 다이나믹하죠. 점원이 제시하는 가격에 상관없이 A급 짝통을 기준으로 지갑은 100위안우리 돈 2만 원 미만, 핸드백은 150~200위안우리 돈 3~4만 원, 시계 100위안우리 돈 2만 원, 실크 잠옷 50위안우리 돈 1만 원 정도에 사시면 괜찮답니다. 이곳은 2005년도에 루이비통 · 프라다 · 구찌 등 5개 명품 회사가 제기한 상표권 침해 소송에서 패해 10만 위안우리 돈 2천만 원의 벌금을 물기도 했는데요. 벌금이 너무 적어서일까요? 여전히 짝통 명품은 이곳의 주력 상품이랍니다.

저는 한국에서 지인들이 오면 꼭 이곳에 데려가는데, 같은(?) 짝퉁이라도 한국보다 훨씬 싸다며 다들 지름신이 내려온 것마냥 넋을 잃고 쇼핑을 한답니다. 하지만 싼 게 비지떡인 만큼 품질은 크게 기대를 하시면 안 돼요. 진짜(?) 가죽으로 만들었다는 구찌 지갑 钱包 qiánbāo 치엔빠오의 지퍼는 한 달도 안 돼 떨어져 나가고, 우리 돈 2만 원짜리 롤렉스 시계 手表 shǒubiǎo 쇼우뱌오는 작은(?) 충격에도 분침이 멈추거나 심지어는 떨어져 나가기도 해요. 저희 어머니는 이곳에서 "싸다, 싸!"를 연발하시며 실크 잠옷 丝绸睡衣 sīchóu shuìyī 쓰초우 쉐이이을 여러 벌 구입하셨는데, 한 번 세탁을 했더니 글쎄 옷이 왕창 쪼그라들어 입을 수가 없었답니다. 현지 유학생들은 겨울에 이곳에서 노스페이스 재킷을 많이 사 입는데, 보온 효과는 괜찮지만 땀이 흡수되지 않아서 소매 밑으로 땀방울이 뚝뚝 떨어지기도 해요.

이곳의 점원들은 너무나 노련해서 흥정을 잘해야 합니다. 우리말은 또 어찌나 잘하는지 "이거 정말 싸!", "너무 예뻐요!", "예쁜 언니 한 번 보고 가.", "A급 있어!"라는 말로 끈질기게 손님을 붙잡기도 해요. 정교한 이미테이션을 뜻하는 'A급'을 중국어로는 '에이지 A级 A-jí'라고 하는데 정교한 A급 짝퉁은 정부의 단속을 피하기 위해 안쪽에 몰래 숨겨 놓고 팔아요. 그래서 A급 짝퉁을

원하시면 "워 야오 에이지 더. 我要A级的。 Wǒ yào A-jí de. A급으로 주세요."라고 말하면 안에서 물건을 꺼내서 보여 준답니다.



중국에서 물건을 싸게 잘 사려면 바로 '타오지아 환지아 讨价还价 tǎojià huánjià 가격 흥정'를 얼마나 잘하느냐가 관건입니다. 이 '타오지아 환지아'를 잘하면 물건 값을 50%, 아니 70~80%까지 팍팍 깎을 수가 있거든요. 그럼 제가 지금부터 물건 값을 잘 깎는 요령을 알려 드릴게요!

쇼핑을 하다가 맘에 드는 물건이 있으면 무심(?)한 표정으로 상점 주인에게 "쩌 거 뚜어샤오 치엔? 这个多少钱? Zhè ge duōshao qián? 이거 얼마예요?" 하고 가격을 물어보세요. 상점 주인을 부를 때는 남녀 구분 없이 '사장님'이란 뜻의 '라오반 老板 lǎobǎn'이란 호칭을 쓰세요. 그러면 가게 주인이 '이건 ××위안입니다'라고 가격을 제시하겠죠? 그럼 무조건 "타이 꾸이 러! 太贵了! Tài guì le! 너무 비싸요!"라고 말하세요. 그러면서 애교 섞인 목소리로 "피엔이 디얼 바! 便宜点儿吧! Piányi diǎnr ba! 조금 깎아 주세요!"라고 말해 보세요. 그러면 가게 주인은 "하오 바! 好吧! Hǎo ba! 좋아요!"하면서 좀 더 낮은 가격을 부를 겁니다. 이때 다시 "짜이 피엔이 디알 바! 再便宜点儿吧! Zài piányi diǎnr ba! 조금만 더 깎아 주세요!"라는 표현을 써서 물건 값을 더 깎으시면 됩니다.

만약 가격 흥정에 실패하시면 그냥 "쑤안 러 바! 算了吧! Suàn le ba! 됐거든요!"라고 말하고 인정사정 볼 것 없이 돌아서서 나오세요. 그러면 대부분의 상점 주인들은 "저기, 손님~!" 하면서 붙잡기 마련이거든요. 뭐 이 상황까지 되면 흥정은 거의 끝났다고 보시면 됩니다. 만약에 주인이 끝까지 안 붙잡으면 어떡하냐고요? 친구들 사이에서는 나름대로 값 깎기의 달인이라

제 경험으로 봤을 때 중국인 가게 주인에게 '사장님, 참 잘생기셨네요.' 또는 '정말 미인이시네요.'와 같은 칭찬의 말을 곁들이면 물건 값을 깎는 데 큰 도움이 되더라고요. 비록 낯선 손님이지만 외국인인 제가 중국어로 살갑게 애교를 떠는 게 귀여웠나 봐요. 제가 아는 어떤 친구는 넉살이 좋아 물건값을 잘 깎기로 유명한데, 어느 날 옷가게 여주인에게 과도한 애교(?)를 부리며 가격 흥정을 하다가 따귀를 맞은 적도 있답니다. 그러니까 애교도 정도껏 떨어야겠죠? ㅆ

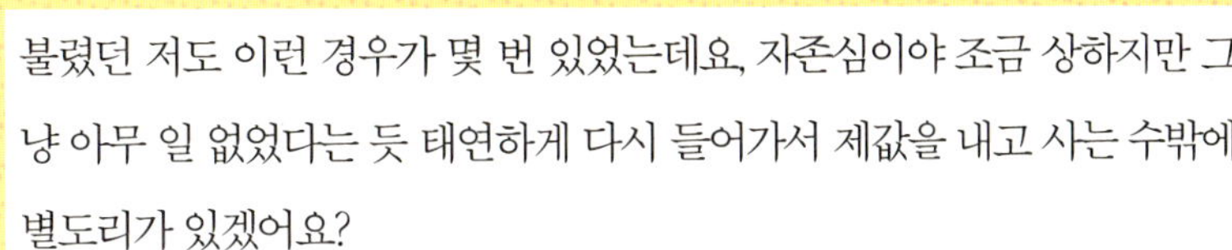

불렸던 저도 이런 경우가 몇 번 있었는데요, 자존심이야 조금 상하지만 그냥 아무 일 없었다는 듯 태연하게 다시 들어가서 제값을 내고 사는 수밖에 별도리가 있겠어요?

저는 중국 상인과 흥정을 할 때면 항상 부르는 가격의 절반으로 탁 깎습니다. 그러면 대부분의 가게 주인들은 '헉! 뭐 이런 사람이 다 있어?'라는 황당한 표정을 짓지만, 한두 차례의 가격 흥정을 끝내면 항상 제가 원하는 가격에 물건을 구입할 수가 있었습니다. 중국에 놀러 온 제 친구들은 저의 이런 과감한(?) 가격 흥정 모습을 보고 무척 놀라기도 하는데, 베이징이나 상하이 같은 대도시의 상점 주인들은 이미 많은 외국인들을 상대해 봐서 처음부터 자국민과는 다르게 아예 높은 가격을 책정해 놓거든요. 그러니까 가격을 절반 정도로 깎아서 물건을 사도 충분히 남는 장사가 되니까 상점 주인의 생계(?)는 걱정 안 하셔도 된답니다.

쩌 찌엔 이푸 뚜어샤오 치엔?

A　这件衣服多少钱[1]？　　　　이 옷 얼마예요?
　Zhè jiàn yīfu duōshao qián?

이바이우스 콰이.

B　150块。　　　　150위안이요.
　Yìbǎiwǔshí kuài.

타이 꾸이 러, 피엔이 디얼 바!

A　太贵了[2]，便宜点儿吧[3]！　　　　너무 비싼데, 좀 깎아 주세요.
　Tài guì le, piányi diǎnr ba!

하오, 게이 니 이바이싼스 콰이.

B　好，给你130块。　　　　좋아요. 130위안에 드릴게요.
　Hǎo, gěi nǐ yìbǎisānshí kuài.

하이스 꾸이, 짜이 피엔이 디얼 바!

A　还是贵[4]，再便宜点儿吧！　　　　그래도 비싼데요. 조금만 더 깎아 주세요.
　Háishi guì, zài piányi diǎnr ba!

니 게이 뚜어샤오 치엔?

B　你给多少钱?　　　　얼마 주실 건데요?
　Nǐ gěi duōshao qián?

이바이 콰이.

A　100块。　　　　100위안요.
　Yìbǎi kuài.

하오 바! 나조우 바!

B　好吧[5]！拿走吧[6]！　　　　좋아요. 가져가세요.
　Hǎo ba! Názǒu ba!

1

이푸 衣服 yīfu 는 옷이고, 찌엔件 jiàn 은 '한 벌, 두 벌…' 하고 옷을 셀 때 쓰는 단위인 벌입니다. "뚜어샤오 치엔? 多少钱? Duōshao qián?"과 비슷한 표현으로는 "어떻게 팔아요?'란 뜻의 "전머 마이? 怎么卖? Zěnme mài?"가 있는데 주로 과일이나 야채 등을 살 때 중국인들이 자주 쓰는 표현입니다.

2

타이太 tài 는 매우, 몹시이고, 꾸이贵 guì 는 비싸다이므로, "타이 꾸이 러.太贵了。Tài guì le."는 우리말의 "너무 비싸요."의 뜻이 됩니다.

3

피엔이便宜 piányi 는 값이 싸다, 가격을 깎다이고, 디얼点儿 diǎnr 은 조금의 뜻입니다. 바吧 ba 는 문장 끝에 쓰여 우리말의 ~합시다 또는 ~해 줘요처럼 제안 · 부탁 · 명령 등의 어감을 나타냅니다.

4

하이스还是 háishi 는 여전히, 그래도의 뜻입니다.

5

하오 好 hǎo 는 좋다라는 뜻인데요, 좋아요라고 말할 때는 '하오 더好的 hǎo de', '하오 바好吧 hǎo ba', '하오 아好啊 hǎo a'처럼 상황에 따라 다양하게 표현할 수 있습니다.

6

나조우拿走 názǒu 는 가지고 가다로, "나조우 바拿走吧。názǒu ba."는 "가지고 가세요."의 뜻입니다.

얼마에 팔아요?

전머 마이?
**怎么卖?**
Zěnme mài?

이거 짝퉁이죠?

쩌 스 지아훠 바?
**这是假货吧?**
Zhè shì jiǎhuò ba?

돈이 모자라요.

치엔 부 꼬우 러!
**钱不够了！**
Qián bú gòu le!

할인되나요?

커이 다저 마?
**可以打折吗?**
Kěyǐ dǎzhé ma?

한번 입어 봐도 돼요?

커이 스 이샤 마?
**可以试一下吗?**
Kěyǐ shì yíxià ma?

이거 교환해 주세요.

칭 게이 워 환 이샤.
**请给我换一下。**
Qǐng gěi wǒ huàn yíxià.

새걸로 주세요.

칭 게이 워 신 더.
**请给我新的。**
Qǐng gěi wǒ xīn de.

환전을 하고 싶은데요.

워 야오 환치엔.
**我要换钱。**
Wǒ yào huànqián.

카드 결제가 되나요?

커이 슈아카 마?
**可以刷卡吗?**
Kěyǐ shuākǎ ma?

## 중국의 화폐는 어떤 것이 있나요?

중국 돈은 '런민삐 人民币 rénmínbì인민폐'라고 합니다. 화폐 단위는 '위안元 yuán', '쟈오角 jiǎo', '펀分 fēn'의 세 가지가 있는데, 정식 표기는 이렇지만 중국 사람들은 위안 대신 '콰이块 kuài', 쟈오 대신 '마오毛 máo'라고 주로 말한답니다. 기억해 두세요!

중국 지폐는 100위안 · 50위안 · 20위안 · 10위안 · 5위안 · 1위안 등이 있고요, 동전은 1위안 · 5쟈오 · 1쟈오 · 2펀 · 1펀 이렇게 5가지가 있습니다. 중국 지폐에는 1위안부터 100위안까지 모두 마오쩌둥의 초상화가 그려져 있는데, 100위안짜리 지폐는 우리 돈 1만 원권, 50위안은 5천 원권, 10위안은 1천 원권 지폐와 용도가 거의 비슷하다고 보시면 됩니다. 베이징에선 동전이 잘 쓰이지 않거든요. 그래서 저는 1위안우리 돈 200원짜리 동전은 주로 버스를 탈 때나 신문을 살 때 쓰고, 5쟈오나 1쟈오처럼 우리 돈 100원이 채 안 되는 작은 액수의 돈은 따로 모아 두었다가 시장에서 야채나 과일 등을 사는 데 쓰곤 했습니다.

참고로 한국 돈은 중국어로 '한삐 韩币 Hánbì'라고 하고, 미국 달러는 '메이위엔 美元 Měiyuán' 또는 '메이진 美金 Měijīn'이라고 합니다.

# 베이징의 물가는 서울보다 비싸다, 싸다?

중국의 수도 베이징을 중심으로 한 중국 물가를 한번 알아볼까요? 최근 베이징시 통계국에 의하면 베이징시 직장인의 평균 연봉은 7만8천 위안우리 돈 1500만 원, 4년제 대졸자의 월 평균 급여는 5천6백 위안우리 돈 105만 원, 연봉이 가장 센 금융업 종사자나 의사, 변호사 같은 전문직은 일반 직장인보다 적게는 2~3배, 많게는 5배 이상 수입을 올린다고 보시면 됩니다. 대중교통 물가를 보면 베이징 지하철 기본 요금은 3위안우리 돈 550원, 버스는 2위안우리 돈 380원, 택시는 13위안우리 돈 2,500원으로, 대중교통은 확실히 중국이 쌉니다.

베이징의 한인촌인 왕징 지역의 아파트 평균 매매가는 $m$당 5만 위안평당 우리 돈 3천만 원, 20평 미만 원룸의 월세는 5천7백 위안우리 돈 100만 원, 집값만 놓고 보면 거의 서울 강남 수준이죠? 재! 계속해서 뉴욕보다 비싸다는 베이징 스타벅스의 아메리카노 미디엄 사이즈 1잔은 22위안우리 돈 4,050원, 맥도날드 빅맥 세트는 32위안우리 돈 6,000원입니다. 대학 학비를 보면 외국인 유학생 기준 베이징대 문과 학부생 학비 2만6천 위안우리 돈 490만 원, 칭화대 이과생 학부생 학비 3만 위안우리 돈 550만 원, 중국 최고의 미대인 중앙미술학원이 5만2천 위안우리 돈 970만 원이나 됩니다. 차량 등록세를 뺀 기본 옵션 BMW 3시리즈 가격은 29만 위안우리 돈 5천4백만 원, 보통 휘발유 1리터 가격은 5.6위안우리 돈 1,050원, 18홀 정규 퍼블릭 골프장의 1회 평균 이용가는 600~800위안우리 돈 11~15만 원. 어떠세요? 베이징의 물가 서울보다 비싼가요, 싼가요?

# 암달러상에게 환전하는 게 더 안전하다?

베이징에는 우리가 흔히 암달러상이라고 부르는 불법 환전소가 많이 있습니다. 특히 외국 유학생이 많은 대학가나 외국인들이 모여 사는 지역에 많이 있는데, 이런 불법 환전소는 주로 복사집·슈퍼마켓·DVD 대여점, 심지어는 꽃 가게 등에서 본 영업을 하면서 이런 부업(?)을 겸하는 경우가 많습니다.

현지에 살고 있는 교민이나 유학생들은 이런 불법 환전소에서 주로 환전을 하는데, 그 이유는 아무래도 은행보다 환율을 높게 쳐 주는 데다가 은행보다 편리해서입니다. 은행에서 환전을 할 때는 여권도 가져가야 하고 서류도 써야 하니까 조금 번거롭거든요. 또 은행은 오후 5시면 문을 닫으니까 저녁이나 밤에는 환전을 할 수가 없고요. 그리고 많은 사람들이 생각하는 것과 달리 불법 환전소에는 가짜 돈이 오히려 없답니다. 만약 이런 곳에서 가짜 돈이 나온다고 하면 금방 소문이 나서 문을 닫아야 하니까요.

하지만 베이징으로 처음 여행을 오시거나 현지 사정을 잘 모르시는 분들은 그냥 안전하게 은행에서 환전을 하도록 하세요. 아참! 간혹 은행 입구에서 더 좋은 환율로 환전을 해 주겠다며 말을 걸어오는 사람이 있는데, 사기를 당할 위험이 매우 크답니다. 주의하세요!

중국에 있는 백화점에도 우리의 '정기 바겐세일' 같은 세일 기간이 있습니다. 주로 노동절 · 국경절 · 설날 같은 황금 연휴에 바겐세일을 실시하는데요. 특히 음력 설인 춘절을 전후로 쇼핑몰 · 백화점 · 마트에서는 대대적인 할인 행사가 벌어집니다. 할인율은 브랜드마다 다르지만 보통 30%에서 많게는 50%까지 하고, 300위안어치를 구매하면 100위안 또는 200위안짜리 상품권을 주는 쇼핑센터도 있습니다.

세일 기간에는 매장 쇼윈도에 '세일하다'란 뜻의 '**다저** 打折 dǎzhé'라는 표시가 크게 붙어 있어 세일을 하는지 쉽게 알 수가 있답니다. 근데 대체 몇 퍼센트나 세일을 하는지는 도통 알기가 힘든데요, 그건 중국에서 세일을 표시하는 방법이 우리와 다르기 때문입니다. 우리는 20%, 30%와 같이 퍼센트로 표시하는데 중국에서는 한자와 숫자를 이용해서 세일 정도를 표시하거든요. 예를 들어 매장 쇼윈도에 '打8折'라고 쓰여 있으면 이는 물건 값을 80% 깎아 준다는 말이 아니라, 20%를 DC해 준다는 뜻입니다. 만약 '打7折'라고 쓰여 있다면 70% 세일이 아니라 30%를 할인해 준다는 말이고요. 이제 감이 좀 오시나요?

그리고 백화점에서 쇼핑을 하실 때, 밖에 세일 표시가 없더라도 철이 지난 재고 물건은 세일을 하는 경우도 있으니 "할인되나요?"란 뜻의 중국어 "커이 다저 마? 可以打折吗? Kěyǐ dǎzhé ma?"란 표현을 꼭 기억해 두세요.

# 타오바오!
# 지구상에 존재하는
# 모든 상품을 판다?

회원 수 7억 명, 1일 방문자 수 2억 명, 1일 최고 매출액 18조 원. 다름 아닌 중국 최고의 온라인 종합 쇼핑몰인 타오바오 淘宝 Táobǎo의 수치입니다. "지구상에 존재하는 모든 것을 판다. 그것도 아~주 싸게~!"라는 모토가 어울릴 만큼 타오바오는 중국인들의 생활에서 절대 없어서는 안 될 소중한 존재(?)입니다. 생활 잡화, 식료품, 의류 같은 기본적인 물건은 말할 것도 없거니와 기상천외한 상품(?)들도 판매를 한답니다. 2013년 미국 스페이스 어드벤처와 공동으로 출시한 민간인 우주여행 상품권을 59만 위안~138만 위안우리 돈 1억~2억5천만 원에 팔았고, 2015년도에는 '전 세계 희귀 섬' 경매를 통해 그리스, 피지 주위 섬을 각각 620만 위안, 500만 위안에 팔기도 했답니다. 한술 더 떠 중국의 한 의료 기기 회사와 합작으로 '정자 기증및 판매' 서비스를 실시하기도 했었죠. 이건 뭐 놀랍다 못해 다소 황당하기까지 하죠?

참! 중국판 블랙 프라이데이라 불리는 11월 11일 꽝꾼지에 光棍节 guānggùnjié 때는 상상 초월 폭탄 할인이 되니 한 번쯤 꼭 이용해 보세요. 네이버에 '타오바오 직구'를 치면 구매 전 과정이 자세히 소개되어 있어 중국어를 몰라도 어렵지 않게 쇼핑을 즐길 수가 있답니다. 타오바오에선 같은 물건이라도 판매자에 따라 가격 차가 큰 경우가 많으니, 너무 싼 물건은 모조품인지 의심하는 센스도 필요해요.

# HOt tIP

**쇼핑 마니아를 위한 완소 쇼핑몰 총 집합!!**

불과 10여 년 전만 해도 베이징에서는 돈이 있어도 쇼핑을 즐길 만한 곳이 없었습니다. 오죽 하면 쇼핑을 좋아하는 한 일본 유학생은 정기적으로 멀리 홍콩까지 가서 쇼핑을 할 정도였죠. 하지만 지금은 베이징에도 해외 명품 숍과 세련된 디자인, 다양한 편의 시설로 무장한 쇼핑몰들이 늘어나서, 하루 종일 머물면서 쇼핑과 휴식을 함께 즐길 수 있게 되었습니다. 중국에서는 촌스러운 기념품밖에 살 게 없다는 말은 옛말이 되었답니다.

## 싼리툰 빌리지 三里屯VILLAGE Sānlǐtún VILLAGE

바(bar) 거리로 유명한 싼리툰에 최근 새롭게 문을 연 대규모 쇼핑몰. 대형 전광판이 설치된 큰 광장을 중심으로 South와 North로 나뉜다. South에는 MANGO · 라코스테 · 퀵실버 · 리바이스 · 빈 셔먼 · 유니클로 · 노스페이스 등의 캐주얼 의류 매장이 입점해 있고, North에는 베르사체 · 아르마니 · 펜디와 같은 해외 명품 숍이 들어서 있다. 이곳 광장엔 애플의 모든 신제품을 직접 사용해 볼 수 있는 2층 규모의 대형 애플 스토어와, 단일 매장으로는 세계에서 제일 크다는 ADIDAS 빌딩이 위치해 있다. 건축이나 인테리어에 관심이 있다면 빌리지 안의 부티크 호텔 디 어퍼짓 하우스(The Opposite House)에 꼭 들러 보자. 지하에는 한국의 멀티플렉스 상영관인 메가박스와 팬시점 아트박스도 입점해 있다. 싼리툰의 새로운 랜드마크가 될 이곳은 쇼핑 마니아라면 반드시 들러야 할 Hot Place!!

▶ 찾아가기: 三里屯 北路 酒吧街 건너편

## 신광천지 新光天地 신광 티엔띠 Xīnguāng Tiāndì

현재 베이징에서 가장 럭셔리한 쇼핑몰. 베이징의 고소득층을 겨냥한 듯, 각 층에는 샤넬 · 구찌 · 프라다 · 페라가모 · 불가리 · 질 샌더 · 마크 제이콥스 등 900여 개의 명품 브랜드가 입점해 있다. 이곳 구찌 매장의 경우 뉴욕 · 파리 매장과 동시에 신상품이 출시된다고 한다. 6층 식당가에는 깨끗하고 세련된 분위기의 레스토랑이 많은데, 그 이름도 유명한 타이완의 딤섬집 딩타이펑鼎泰丰 Dǐngtàifēng과 광둥 요리 전문점 크리스탈 제이드翡翠酒家 Fěicuì jiǔjiā 페이추이 지우지아, 타이완 퓨전 레스토랑인 빌라지오鹿港小镇 Lùgǎngxiǎozhèn 루강샤오전, 감각적인 인테리어가 돋보이는 샤브샤브 전문점 딩딩샹鼎鼎香 Dǐngdǐngxiāng이 위치해 있다. 100년 전통의 프랑스 베이커리점 포숑(FAUCHON)馥颂 Fùsòng 푸쑹에선 크라상과 애플티를 꼭 맛보자. 아직도 중국이 짝퉁 천국이라고 생각한다면 신광천지에 가 볼 것!!

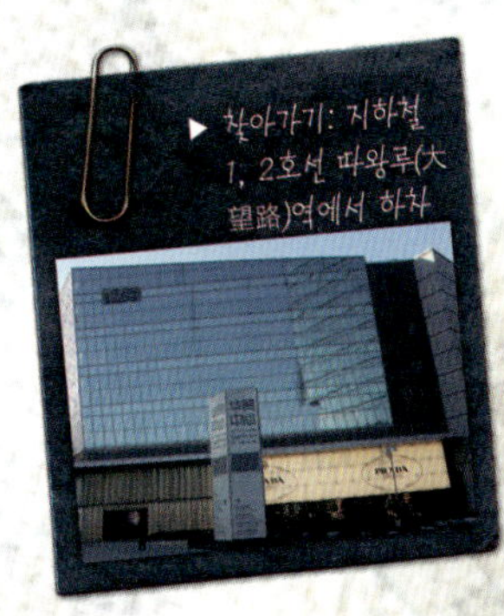

▶ 찾아가기: 지하철 1, 2호선 따왕루(大望路)역에서 하차

## THE PLACE 世贸天阶 스마오 텐지에 Shìmào Tiānjiē

베이징의 화려한 쇼핑 문화를 대표하는 유럽풍 쇼핑몰. 남쪽 동과 북쪽 동, 두 개의 독립된 건물로 나눠져 있으며 그 가운데는 하늘 중간에 길이 250m , 폭 30m의 초대형 스카이 스크린이 설치되어 있다. 이곳에는 ZARA · MANGO · MISS SIXTY · JESSICA · G-STAR 등 유럽 브랜드가 많은 게 특징. 한국 미용실 박승철 헤어 스튜디오와 캘리포니아 휘트니스도 이곳에 입점해 있다. 북쪽 동 1층에 위치한 유명한 재즈 바 CJW에서는 흑인 여가수의 라이브 음악을 들으며 와인을 즐길 수 있고, 3층에는 세계 각국의 400여 가지 음식을 즐길 수 있는 부페 레스토랑 골든 재규어, 지하 1층에는 환상적인 인테리어를 자랑하는 레스토랑 쏭(SONG)이 위치해 있다. 300억 원을 들여 만들었다는 스카이 스크린을 제대로 감상하기 위해선 밤에 쇼핑 갈 것을 추천! 정말 입이 다물어지지 않을 만큼 황홀하다.

## 동방신천지 东方新天地 똥팡 씬티엔띠 Dōngfāng Xīntiāndì

왕푸징의 랜드마크인 **동방광장东方广场** Dōngfāng guǎngchǎng똥팡광창의 지상 1층, 지하 1층에 위치한 종합 쇼핑몰. 이곳엔 까르띠에 · 티파니 · BURBERRY · KENZO · DKNY · A. Testoni · BOSS · 에르메네질도 제냐 등 명품 브랜드부터 리바이스 · GUESS · G-STAR · 아르마니 익스체인지 · 라코스테 같은 캐주얼 브랜드까지 가득 입점해 있다. 감각 있는 홍콩 · 타이완 디자이너들의 멀티숍이 한데 모여 있는 i.t은 꼭 둘러보자. 지하에 있는 푸드 코트에서는 다양한 지방의 중국 음식을 저렴한 가격에 맛볼 수 있다. 광동 요리 전문점인 크리스탈 제이드와 쓰촨 요리 전문점 차오쟝난은 강추 레스토랑! 맛있는 슈크림빵을 파는 브랜드 파파 · Mr.피자 · 씨즐러 · 파리바게트와, 서울 명동에도 매장이 있는 싱가포르의 베이커리 체인점 BREAD TALK 역시 이곳 지하에 위치해 있다.

## SOLONA 蓝色港湾国际商区 란써강완 궈어지 샹취 Lánsè gǎngwān guójì shāngqū

우리나라 여주의 첼시 아울렛 같은 느낌을 주는 이국적인 분위기의 대형 쇼핑 타운. 유명 브랜드 숍, 리빙 용품 매장, 레스토랑, 카페, 클럽 등이 한데 모여 있다. 이곳은 명품 브랜드보다 우리에게 낯선 홍콩과 유럽 브랜드가 많은 게 특징. 베이징 어디에서나 볼 수 있는 ZARA 매장도 입점해 있다. 이곳에는 8개 상영관을 가진 멀티플렉스 극장 SAGA CINEMA가 있으며, 베이징 올림픽 개막식 때 성화 점화를 했던 중국의 체조왕자 리닝이 세운 실내 아이스링크도 오픈했다. 세계적인 시푸드 부페 레스토랑인 TODAI, 오리지널 칭다오 맥주를 맛볼 수 있는 비어 팰리스, 아라비안 나이트에서 나올 법한 무희들의 밸리댄스를 감상하며 식사를 할 수 있는 이국적인 레스토랑 1001 NIGHTS, 한국 레스토랑 대장금도 위치해 있다. 전혀 중국스럽지 않은 예쁜 쇼핑몰로 이곳을 다 돌아보려면 한나절은 족히 걸린다. 안내 지도도 꼭 챙길 것!!

## NARI PATIO 那里花园 <sub>나리 화위앤</sub> Nàli Huāyuán

베이징의 트렌드 세터들과 연예인들이 즐겨 찾는 핫 쇼핑 플레이스. 지중해풍의 흰색 건물이 인상적인 건물 안에는 30여 개의 개성 있는 디자이너 브랜드 숍, 액세서리 숍, 팬시 숍, 타이식 스파, 레스토랑 등이 자리하고 있다. 그 중 꼭 들러 봐야 할 곳으로는 5명의 일본 디자이너가 런칭한 브랜드 WATER STONE, 여심을 사로잡을 만한 독특한 디자인의 구두가 넘치는 롱닷컴龙.com Lóng.com , 모던한 차이니즈풍 옷을 파는 '차이윈지엔彩云间 Cǎiyúnjiān', 중국의 유명 디자이너 브랜드 Elysee Yang, 예쁜 키친 용품이 있는 PANTRY MAGIC, 잡지사 출신의 여사장이 운영하는 패션숍 glam 등이 있다. 이곳 1층에는 베이징에서 가장 맛있는 수제 햄버거를 파는 LET'S BURGER가 있는데, 햄버거를 먹다 보면 우리에게 낯익은 중국의 셀러브리티들을 쉽게 발견할 수가 있다.

## 이케아 宜家家具 <sub>이지아 지아쥐</sub> Yíjiā Jiājù

스웨덴의 창고형 생활용품 전문점으로, 한국 교민들이 많아 한인 타운이라고도 불리는 왕징 望京 Wàngjīng 근처에 위치해 있어서 베이징에 처음 정착하는 유학생과 교민들이 새 살림살이를 장만하기 위해 꼭 들르는 곳이다. '역시 중국'이란 말이 절로 나올 정도로 매장 규모가 어마어마하게 크다. 1층이 아닌 3층부터 쇼핑이 시작되는데, 심플하고 세련된 인테리어 소품과 각종 리빙 용품이 많아서 정신을 못 차릴 수도 있다. 특히 실내용 슬리퍼와 머그잔, 미니 향초는 단연 인기 아이템이다. 이곳에서 파는 물건이 결코 저렴한 편은 아니지만 주말에는 감각적이고 세련된 라이프 스타일을 추구하는 중국인들로 언제나 북적거린다. 맨 위층에 위치한 카페테리아에서는 스파게티와 샐러드, 그리고 무한 리필이 가능한 원두커피를 맛볼 수 있다.

## 실크 시장 秀水街 <sub>시우쉐이지에</sub> Xiùshuǐjiē

실크 제품과 짝퉁 명품으로 유명한 이곳은 베이징 올림픽 때 부시 대통령과 각국의 정상들이 다녀가 화제가 되기도 했던 쇼핑 상가이다. 원래는 노천 시장이었으나 2005년도에 리모델링해 현재의 모습을 갖췄다. 지하 1층에는 지갑·구두·가방, 1층은 남성복, 2층은 여성복, 3층은 실크 제품, 4층은 가전제품과 액세서리, 5층은 진주와 보석, 6층에는 오리구이 음식점인 '취엔쥐더全聚德 Quánjùdé전취덕'와 300년이 넘는 역사와 전통을 자랑하는 '통런탕同仁堂 Tóngrèntáng동인당' 약국이 위치해 있다. 이곳의 모든 상품에는 정찰제인 것처럼 가격표가 붙어 있지만 그냥 무시해도 된다. 4개 국어를 유창하게 구사하는 노련한 상점 주인과의 흥정에 성공하면 부르는 가격의 10분의 1로 깎을 수도 있다. 이곳에서 중국 짝퉁 시장의 현주소를 직접 경험해 보자.

## 판자위엔 골동품 시장 潘家园旧货市场 판지아위엔 지우훠 스창 Pānjiāyuán Jiùhuò Shìchǎng

베이징에서 가장 규모가 크고 오랜 역사를 지닌 골동품 시장. 나비장·홍등·옥 공예품·고가구 같은 앤티크 제품에서부터 고서적·문방사우·서화·도자기·옛날 광고 포스터까지 정말 없는 것이 없는 별천지이다. 이곳에서는 짝퉁 골동품을 진품인 것처럼 속여 파는 경우가 많은데, 상품 가치를 높이기 위해 일부로 흙을 묻히거나 흠집을 낸 것은 99% 가짜 물건이니 조심하자. 최근에는 그림 한 점당 수십억 원을 호가하는 쟝샤오강·위에민쥔 같은 스타급 중국 화가들의 모사품이 잘 팔린다고 한다. 원래는 주말에만 개방했었지만, 지금은 평일에도 개장을 한다. 하지만 진정한 골동품 마니아라면 반드시 주말에 방문을 하는 게 좋다. 전국 각지에서 몰려든 수천 명의 골동품 수집가들이 이곳으로 몰려와 좌판을 벌이기 때문이다.

## 마리엔따오 차 거리 马连道 마리엔따오 Mǎliándào

베이징에서 가장 규모가 큰 차 도매 거리로 베이징 서남쪽의 베이징 서역北京西站 Běijīng Xīzhàn 부근에 위치해 있다. 입구의 '경성차엽제일가京城茶叶第一家 Jīngchéng cháyè dìyìjiā 징청 차이에 띠이지아'라는 간판을 시작으로 2km에 달하는 거리에 수백 개의 차 도매 상점이 늘어서 있다. 여기서 제일 유명한 곳은 3층 건물의 '마리엔따오 차청马连道茶城 Mǎliándào Cháchéng' 이 있는데, 1, 2층에는 차를 파는 상점이 있고, 3층은 다기와 다양한 차 용품을 판매한다. 이곳에선 용정차·우롱차·철관음·국화차·재스민 차·보이차 등 중국 각지에서 생산되는 다양한 차를 시음해 보고 구입할 수가 있다. 특히 우리에게 잘 알려진 보이차普洱茶 pǔ'ěrchá 푸얼차도 다른 곳보다 저렴한 가격으로 구입할 수 있다. 시내에서 조금 멀긴 하지만 차 애호가라면 들러 볼 만한 곳이다. 이곳에서도 실크 시장처럼 강력한(?) 흥정은 필수!!

# Part 7

마음으로가는
in beijing

베이징의
잠 못 이루는 밤~

# Beijing Story

**꽁티 베이징 크러버들의 천국**

아직도 '중국' 하면 칙칙한 국방색 인민복과 끝없이 이어지는 자전거 행렬만 떠올리는 분이 있나요? 그렇다면 꼭 베이징의 화려한 나이트 문화를 체험해 보셔야 할 겁니다. 주말이 되면 베이징의 젊은 트렌드 세터들은 화려하게 치장하고 세계 유명 DJ가 디제잉을 하는 클럽에 모여 신나고 화끈한 밤을 보냅니다. 세련된 일렉트로니카와 힙합 뮤직에 맞춰 감각적으로 디자인된 댄스 플로어에서 세계 각국에서 모여든 젊은이들과 함께 춤을 추고 있노라면 '여기가 과연 사회주의 국가 중국이 맞나?'라는 생각이 들 정도입니다.

중국에서는 나이트클럽을 '디팅 迪厅 dítīng' 또는 '뻥디 蹦迪 bèngdí'라고

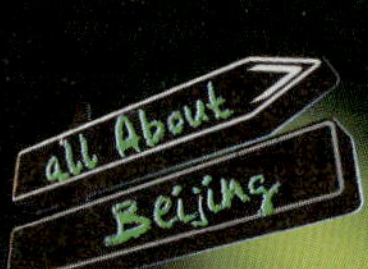

저도 주말 밤이면 가끔 스트레스도 풀 겸 외국인 친구들과 함께 꽁티에 가는데요. 제 취향에 딱 맞는 음악을 틀어 주는 '믹스'와 '빅스'를 즐겨 찾는답니다. 이곳에는 외국인분만 아니라, 소위 잘 나간다는 중국의 부유층 자제들이 많이 오는데요, 그래서인지 클럽 앞 주차장에는 이들이 타고 온 벤츠·BMW·아우디·포르셰 같은 고급 외제 차가 즐비하답니다. 꽁티 주위에 있는 클럽의 입장료는 보통 50~100위안(우리 돈 1만 원~2만 원 정도)이며 평일보다 주말이 조금 더 비싸죠. 특정 요일에는 Ladies Day라고 해서 여성들은 무료 입장이 가능하고, 공짜로 음료수가 제공되기도 한답니다. 클럽의 영업 시간은 보통 저녁 8시경부터 새벽 4~5시까지인데요, 사람이 가장 많이 몰리는 피크 타임은 밤 11시~새벽 1시 사이랍니다. 하나 더! '꽁티' 서문(西門 xīmén 씨먼)에도 베이비 페이스(Baby Face), 카고(Cargo) 같은 쿨한 클럽이 있는데요. 요즘 베이징 클러버들 사이에서 최고의 주가를 올리고 있는 핫 플레이스입니다.

부릅니다. 우리는 나이트클럽을 소위 즉석 만남(?)이라고도 부르는 '부킹'이 되는 나이트와 그냥 음악을 즐기며 춤을 추는 클럽으로 구분하는데, 중국은 그런 구분이 없답니다. 그냥 50위안(우리 돈 1만 원) 정도의 입장료를 내고 들어가서 가볍게 맥주나 음료를 마시면서 춤을 추는 그런 스타일이죠. 어떻게 보면 중국이 우리나라보다 클럽 문화가 더 빨리 정착되었다고 할 수 있겠네요.

그럼 베이징에서 가장 hot한 클럽은 어디일까요? 베이징 시내에는 외국 대사관이 밀집되어 있는 싼리툰이란 지역이 있는데요, 이 싼리툰 근처에는 '꽁런티위창(工人体育场 Gōngrén Tǐyùchǎng 노동자 체육경기장)', 줄여서 '꽁티(工体 Gōngtǐ)'라고 하는 스포츠 스타디움이 있습니다. 주로 축구 경기나 국내외 유명 가수들의 콘서트가 열리는 이 경기장 주위에는 이국적인 분위기의 레스토랑과 바(Bar) 등이 많고, 특히 베이징에서 가장 트렌디한 클럽들이 모여 있기로 명성이 자자합니다.

그 중에서도 가~장 물이 좋다고 소문난 곳이 바로 꽁티 북문(北门 běimén 베이먼)에 위치한 '믹스(MIX)'와 '빅스(VIX)'입니다. 서로 마주 보고 있는 이 두 클럽은 주말마다 밤을 불태우기 위해 모여든 선남선녀들로 발 디딜 틈이 없을 정도입니다. 베테랑 DJ가 플레잉하는 느린 비트의 힙합 음악에 맞춰 모델 같은 S라인을 뽐내는 섹시한 중국 여성들, 길게 드레드 머리를 한 흑인들, 한 손에 칭다오 병맥주를 든 백인들이 한데 어우러져 춤을 추며 젊음의 열기를 뿜어냅니다.

중국에서는 서양식 바Bar나 호프집 같은 술집을 '지우빠酒吧 jiǔbā' 라고 부릅니다. 그리고 많은 술집이 모여 있는 술집 거리를 가리켜 '지우빠지에酒吧街 jiǔbājiē'라고 하고요.

베이징에서 외국인 관광객과 유학생, 그리고 중국 젊은이들이 밤 문화를 즐기기 위해 모여드는 유명한 술집 거리가 두 곳 있는데요, 한 곳은 '쌴리툰三里屯 Sānlǐtún'이란 지역에, 다른 한 곳은 '스차하이什剎海 Shíchàhǎi'에 각각 위치해 있습니다.

쌴리툰은 이탈리아·프랑스·독일·캐나다·인도 등 세계 70여 개국의 대사관이 모여 있는 외교 단지로 일찌감치 서양식 카페나 바Bar 문화가 정착되었죠. 특히 쌴리툰 북로三里屯北路 Sānlǐtún Běilù쌴리툰 베이루는 베이징

의 원조 유흥가로 200m 정도 되는 길에 다양한 분위기를 내는 술집이 늘어서 있습니다. 낮보다는 밤에 가야 이 거리의 진면목을 제대로 느낄 수가 있는데요, 휘황찬란한 네온 사인과 홍등, 좁은 인도 위에 빼곡히 설치된 노천 테이블과 넘쳐 나는 외국인들, 그리고 술집에서 흘러나오는 라이브 음악이 더해져 독특한 쌴리툰만의 밤 풍경을 만들어 냅니다.

쌴리툰의 술집 거리가 조금 시끄럽고 떠들썩한 분위기라면, 베이징에서 가장 아름다운 인공 호수로 꼽히는 스차하이 주위의 바 거리는 고즈넉하면서도 운치가 있는 곳입니다. 자금성의 북쪽에 위치한 스차하이는 '치

'첸하이 前海 Qiánhǎi', '호우하이 后海 Hòuhǎi', '시하이 西海 Xīhǎi' 이렇게 3개의 작은 호수로 이루어져 있는데, 호숫가 주위에는 100여 개의 바가 들어서 있어 베이징에서 가장 규모가 큰 술집 거리를 형성합니다.

호수의 입구에 해당하는 연꽃 시장荷花市场 Héhuā Shìchǎng허화 스창을 통과하면 치엔하이가 나오는데, 이 치엔하이를 끼고 100미터가량 되는 길에 화려하면서도 이국적인 분위기의 노천 카페와 바, 레스토랑이 줄지어 늘어서 있습니다. 오던 길을 따라 북쪽으로 조금만 올라가면 호우하이가 시작되는 지점인 은정교 银锭桥 Yíndìngqiáo인띵치아오가 나옵니다. 호우하이 주위의 술집은 규모가 작지만 개성 있는 라이브 바나 카페가 많아 외국인 배낭여행족과 중국 젊은이들이 즐겨 찾습니다. 밤에는 은은한 달빛을 받으며 사공이 노를 젓는 나룻배에 앉아 악사가 연주하는 비파 연주를 감상하며 와인을 한 잔 기울일 수도 있죠. 베이징에서 가장 로맨틱한 밤을 보내고 싶다면 꼭 들러야 하는 곳이 바로 스차하이입니다.

맥주啤酒 píjiǔ피지우를 좋아하시는 분은 아마 중국의 세계적인 맥주 브랜드인 '칭다오青岛 Qīngdǎo'를 아실 거예요. 요즘 한국의 마트나 편의점에서도 작은 칭다오 병맥주를 쉽게 볼 수가 있죠. 칭다오 맥주는 칭다오가 독일의 조계지였던 시절부터 생산을 시작해 100년이 넘

는 역사를 자랑하는 중국의 대표적인 맥주 브랜드이죠.

또 한국 사람에겐 잘 알려지지 않았지만 베이징을 대표하는 옌징燕京 Yānjīng베이징의 옛 이름 맥주도 인기 있는 맥주입니다. 베이징 사람들은 칭다오보단 로컬 브랜드인 옌징을 훨씬 더 선호하지요. 맛에 차이가 있다기보단 아무래도 자기 지역에서 생산된 맥주니까 고집스레 찾는 게 아닐까요? 또 칭다오보다 조금 싼 가격도 인기 요인 중 하나고요. 편의점에서 살 경우 칭다오 1캔은 4위안우리 돈 800원, 옌징은 3위안우리 돈 600원 정도 하거든요. 저도 베이징 시민(?)인지라 자연스레 옌징을 더 많이 찾는답니다. 특히 길거리에서 꼬치구이肉串儿 ròuchuànr로우촬를 먹을 때는 요 옌징 맥주가 절대 빠져선 안 되죠.

그럼 우리나라의 소주처럼 중국 서민들이 가장 즐겨 마시는 술에는 어떤 게 있을까요? 우리가 흔히 '배갈' 또는 '고량주'라고 부르는 술을

저는 베이징에서 대학과 대학원을 다니면서 틈틈이 통역 아르바이트를 했는데요, 한국에서 이름이 많이 알려진 유명 인사의 통역을 담당하게 될 때면 속으로 좋아라 쾌재를 부르곤 했죠. 왜냐하면 이들을 초대한 중국 측에서는 먼 곳에서 귀한 손님이 오셨다며 항상 융숭한 식사 대접을 했거든요. 평소에는 값이 비싸 엄두도 내지 못할 중국 각 지방의 진귀한 요리들을 공짜로(?) 먹을 수 있었으니 저런 돈도 벌고 또 맛있는 음식도 먹을 수 있는 일석이조의 기회였죠. 좋은 음식에는 좋은 술이 빠질 수 없는 법! 식사 때는 늘 한 병에 우리 돈 수십만 원이 넘는 마오타이 茅台 Máotái'나 '우량예五粮液 Wǔliángyè' 같은 중국 최고의 명주가 테이블에 올라왔는데요, 한 잔 마시면 온몸이 찌릿해질 정도로 도수가 높지만 그 특유의 맛과 향은 기름진 중국 음식과 환상의 조화를 이뤄 말로 표현할 수 없는 황홀감을 주곤 했답니다.

중국에서는 '바이지우 白酒 báijiǔ 백주'라고 부릅니다. 바이지우는 무색 투명한 술인데, 알코올 도수가 50~60도 정도로 무척 독하답니다. 같은 바이지우라도 재료나 빚는 방식에 따라 그 종류가 참 다양한데요, 그 중 '얼궈토우 二锅头 èrguōtóu 이과두주'는 중국 서민들, 특히 날씨가 추운 동북 지방의 서민들에게 사랑을 듬뿍 받는 술입니다. 가격은 한 병에 우리 돈 1,000원 안팎으로 무척 저렴하지만, 중국에서 가짜가 제일 많기로도 유명하답니다.

이 바이지우는 느끼한 중국 음식과 궁합이 참 잘 맞는데요, 기름진 중국 요리를 먹을 때 요리 사이사이에 한두 잔 마시면 입안의 느끼함을 말끔히 씻어 주기도 한답니다. 하지만 술의 도수가 너무 강해서 소주 마시듯 계속 원샷을 하면 금세 취하니 조심하셔야 해요. 정말 갑자기 확! 가는 수가 있답니다. 뒤끝(?)도 장난이 아니고요.

우리나라에선 술을 잘 마시는 사람을 가리켜 '말술' 또는 '술고래'라고 하죠? 중국에선 주량이 센 사람을 가리켜 '지우구이 酒鬼 jiǔguǐ 술 귀신'라고 합니다. 우리가 생각하기에 중국 사람들은 도수가 높은 배갈 같은 술을 좋아하니까 대부분 술이 엄청 셀 것 같죠? 하지만 중국에선 의외로 코가 삐뚤어지게 마시거나 길거리에서 술에 취해 비틀거리는 사람을 좀처럼 보기 어렵습니다. 아마 '우리 오늘 먹고 죽는 거야!'라며 밤새도록 여러 술집을 전전하는 '차! 차!' 문화가 제일 발달된 나라는 한국이 아닐까요? ^^

그럼 중국 사람들과 술자리를 같이 할 때 지켜야 할 에티켓에 대해 알아볼까요? 중국 사람들은 술을 따를 때 잔이 찰랑찰랑 넘칠 듯 가득 따릅니다. 술이 넘친다고 습관(?)적으로 입을 갖다 대시면 안 돼요.^^ 그리고 술이 남아 있어도 계속 술을 따라 주는 '첨잔'이 상대방에 대한 환대와 예의의 표시입니다. 그러니까 중국 사람이 비지도 않은 잔에 계속 해서 술을 따라 주면 당황하지 마시고 그냥 "씨에씨에! 谢谢! Xièxie! 감사합니다!"라고 하세요.

참! 우리가 술을 마실 때 외치는 '건배!'란 말이 중국에서 건너왔다는 사실을 아시나요? 하지만 우리의 '건배'와 중국의 '건배'는 그 의미가 조금 다르답니다. 건배는 중국어로 '깐뻬이 干杯 gānbēi'라고 하는데요. '깐 干 gān'은 '말리다', '뻬이 杯 bēi'는 '잔'의 뜻으로, '깐뻬이'는 '술잔이 다 마르도록 다 마시다', 즉 '원샷하다'의 의미랍니다. 그러니까 상대방이 '깐뻬이' 또는 '깐'이라고 외치면 꼭 잔을 다 비우셔야 해요. 중국 사람들과 술자리를 같이 할 때 무턱대고 '깐뻬이!'를 외치시면 주위 사람들이 많이 힘들어하겠죠?

호우하이의 야경

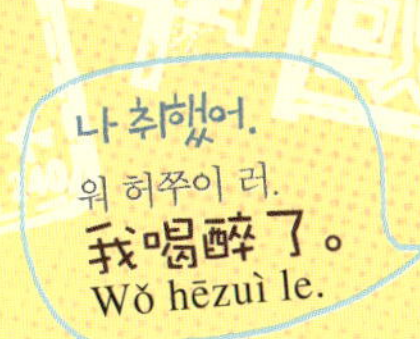

건배를 할 때는 오른손으로 잔을 들어 살짝 부딪치는데, 만약 거리가 멀어 어려울 땐 손끝으로 상을 두 번 톡톡 두드리면 됩니다. 참! 중국 사람들은 연장자와 건배를 할 때나 잔을 받을 때 절대 두 손을 쓰지 않아요. 술을 마실 때도 몸을 돌려서 마시지 않고요. 만약 자기보다 나이가 어린 중국 사람과 술을 마시는데 한 손으로 받는다고 "어라! 어린 사람이 되게 건방지네!" 이렇게 오해하지 마세요.

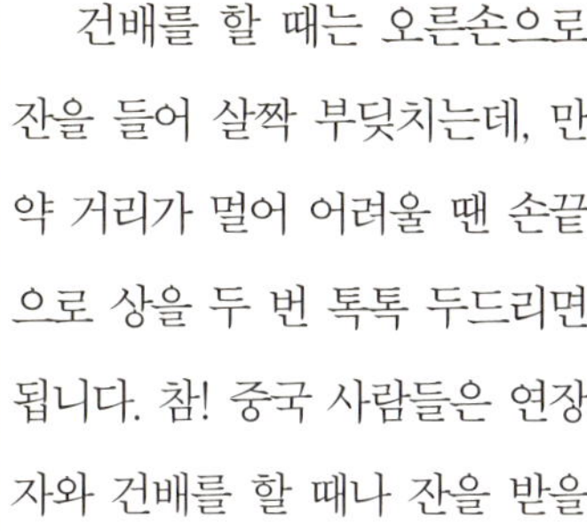

만일 자기의 주량이 약해서 원샷을 못하겠으면 '수이이 隨意 suíyì'라고 말하시면 됩니다. '수이이'는 자신의 주량껏 알아서 조금씩 마시는 걸 말합니다. 이렇게 말해 두면 아무도 "마셔라! 마셔라!" 하고 강요하지 않거든요. 만약 술을 전혀 못하시는 분이라면 술잔 대신 찻잔을 들고 '이차따이지우 以茶代酒 yǐ chá dài jiǔ 차로 술을 대신하는 것'라는 세련된 표현을 쓰셔도 되고요. 이 말을 적재적소에 쓰시면 술자리에서 큰 도움(?)이 될 뿐더러 중국어를 참 잘한다는 소리를 들으실 거예요.

참! 중국 사람들과의 술자리 약속에는 절대로 늦지 마세요. 만약 늦으면 세 잔의 벌주를 마셔야 하거든요. "라이 완 러, 파 싼 뻬이! 来晚了, 罰三杯! Láiwǎn le, fá sān bēi! 늦었으니까 벌주 세 잔!"라는 말을 들으면서요.

친구와 클럽에 가기

찐티엔 스 쩌우모, 쩐 우랴오!

**A** 今天是周末，真无聊！　　　　오늘 주말인데, 정말 심심하다!
Jīntiān shì zhōumò, zhēn wúliáo!

찌우스, 우랴오쓰 러.

**B** 就是[1]，无聊死了[2]。　　　　그러게, 심심해 죽겠다.
Jiùshì, wúliáo sǐ le.

잔먼 찐티엔 취 디팅, 전머양?

**A** 咱们今天去迪厅，怎么样[3]？　　　　우리 오늘 클럽에 가는 거 어때?
Zánmen jīntiān qù dítīng, zěnmeyàng?

디팅? 하오 주이!

**B** 迪厅？好主意[4]！　　　　클럽? 굿 아이디어야.
Dítīng? Hǎo zhǔyi!

니 칸 취 나 지아 디팅 비쟈오 하오?

**A** 你看去哪家迪厅比较好[5]？　　　　어느 클럽에 가는 게 좋을까?
Nǐ kàn qù nǎ jiā dítīng bǐjiào hǎo?

취 'MIX' 바! 찌우 짜이 꽁티 베이멀.

**B** 去“MIX”吧！就在工体北门儿[6]。　　　　'믹스'에 가재 꽁티 북문에 있는 거.
Qù 'MIX' ba! Jiù zài Gōngtǐ běiménr.

날 먼피아오 뚜어샤오 치엔?

**A** 那儿门票多少钱[7]？　　　　거기 입장권 얼마야?
Nàr ménpiào duōshao qián?

메이 런 우스

**B** 每人50[8]。　　　　한 사람당 50위안.
Měi rén wǔshí.

**1**

찌우스 就是 jiùshì 는 우리말의 그러게말야, 그래맞아와 비슷한 어감으로 상대방의 의견이나 생각에 동의를 나타내는 표현입니다.

**2**

우랴오 无聊 wúliáo 는 심심하다, 무료하다의 뜻이고, 쓰死 sǐ 는 죽다로, 형용사+死了 sǐ le'의 형식을 쓰면 우리말의 '~해서 죽겠다'와 같은 어감으로 정도가 심함을 나타냅니다. 예를 들어 볼게요. "어 쓰 러饿死了。 È sǐ le."는 "배고파 죽겠어!", "레이 쓰 러累死了。 Lèi sǐ le."는 "힘들어 죽겠어!", "지 쓰 러急死了。 Jí sǐ le."는 "급해 죽겠어!" 등등 다양하게 활용이 가능하답니다.

**3**

잔먼 咱们 zánmen 은 우리, 취 去 qù 는 가다, 전머양 怎么样 zěnmeyàng 은 ~는 어때?의 뜻입니다.

**4**

주이 主意 zhǔyi 는 생각, 의견으로, 이 문장은 영어의 'That's a good idea!'와 같은 뜻입니다.

**5**

칸看 kàn 은 보다란 뜻도 있지만 ~라고 생각하다란 뜻도 있답니다. 나哪 nǎ 는 어디, 어느, 비쟈오 比较 bǐjiào 는 비교적, 하오 好 hǎo 는 좋다로, 이 문장을 직역하면 "네 생각엔 어느 클럽에 가는 게 비교적 좋니?"가 됩니다.

**6**

찌우 짜이 就在 jiù zài 는 바로 ~에 있다란 뜻입니다. 꽁티 工体 Gōngtǐ 는 工人体育场의 줄임말로 베이징 시내에 있는 노동자 체육 경기장을 말해요. 베이멀北门儿 běiménr 은 북문입니다.

**7**

날那儿 nàr 은 거기, 그곳, 먼퍄오 门票 ménpiào 는 입장권, 뚜어샤오 치엔多少钱? duōshao qián 은 얼마예요?의 뜻입니다.

**8**

머이 런每人 měi rén 은 인당, 한 사람마다의 뜻입니다. 50위안은 50元 또는 50块 라고 하지만, 네이티브들은 보통 위안元 yuán 이나 콰이 块 kuài 같은 단위를 생략할때가 많답니다.

기사 아저씨! 꽁티 북문에 가 주세요.

스푸, 취 꽁티 베이멀!
**师傅，去工体北门儿！**
Shīfu, qù Gōngtǐ běiménr!

입장료가 얼마예요?

먼퍄오 뚜어샤오 치엔?
**门票多少钱?**
Ménpiào duōshao qián?

옷은 어디에 보관하나요?

짜이 날 바오관 이푸?
**在哪儿保管衣服?**
Zài nǎr bǎoguǎn yīfu?

옷을 찾으려고 하는데요.

워 샹 취 이푸.
**我想取衣服。**
Wǒ xiǎng qǔ yīfu.

칭다오 맥주 한 병 주세요.

라이 이 핑 칭다오 피지우.
**来一瓶青岛啤酒。**
Lái yì píng Qīngdǎo píjiǔ.

시원한 걸로 주세요.

워 야오 삥 더
**我要冰的。**
Wǒ yào bīng de.

주량이 어떻게 되세요?

니 지우량 전머양?
**你酒量怎么样?**
Nǐ jiǔliàng zěnmeyàng?

알아서 적당해 드세요.

수이이!
**随意！**
Suíyì!

나 술 취했어.

워 허쭈이 러.
**我喝醉了。**
Wǒ hēzuì le.

저는 술 못 마셔요.

워 부훼이 허 지우.
**我不会喝酒。**
Wǒ bú huì hē jiǔ.

# China talk

이것만은 꼭 알고 싶다!

## 중국 나이트클럽엔 부킹이란 게 있다? 없다?

결론부터 말하자면 중국의 나이트클럽에는 웨이터가 이성 손님 간의 즉석 만남을 주선해 주는 부킹 문화가 없습니다. 많이 실망하셨나요? ^^ 중국의 무도회장은 '나이트'와 '클럽'의 구분이 딱히 없거든요. 하지만 틀어 주는 음악이나 전체적인 분위기에 따라서 중국인이 많이 찾는 곳디스코텍 분위기과 외국인이 주로 가는 곳클럽 분위기의 구분은 있습니다. 중국인이 즐겨 찾는 나이트클럽은 빠른 비트의 테크노 음악이 주를 이루고, 젊은 사람뿐만 아니라 나이가 좀 있는 사람들주로 중년의 남성들도 많은 게 특징이죠. 또 특정 시간대에는 젊은 무희들의 조금은 야시시~한 댄스 쇼가 벌어지기도 하고요. 현재 베이징에서 가장 핫한 열기를 느끼시려면 '모도 클럽 MODO CLUB', '라이브 인 백 LIVE IN VAC', '스파크 SPARK' 같은 곳을 찾으시면 됩니다. 아참! 몇몇 나이트클럽에 가면 미모의 젊은 여성이 다가와 같이 춤을 추자거나 술을 한잔 하자며 말을 거는 경우가 있습니다. 이들은 업소에서 고용된 접대 도우미로, 이들과 어울릴 경우 시간당 100~200위안우리 돈 2만 원~4만 원 정도의 비용을 지불해야 하죠. '야! 나의 외모가 중국에서도 통하는구나!'라고 생각하는 왕자병 남성 분들. 작업을 걸려다 오히려 작업에 당하는 수가 있으니 긴장을 늦추지 마시길……

# 싼리툰에 가면 호객꾼을 조심해야 한다?

베이징의 대표적인 유흥가인 싼리툰의 술집 거리 酒吧街 jiǔbājiē 지우빠지에에 가시면 집요하게 손님을 쫓아오는 수많은 호객꾼들을 만나게 됩니다. 다양한 국적의 외국인들이 많이 찾는 곳이라 그런지, 이들은 4개국어(?) 이상의 외국어를 능숙하게 구사하며 끊임없이 손님을 유혹한답니다. "예쁜 아가씨들 있는 좋은 데 있는데, 어떠세요?", "화끈한 마사지 한번 받아 보지 않으실래요?"와 같은 말을 하며 손님 뒤를 졸졸 쫓아다닙니다. 중국어를 못 알아듣는 기색이 보이면 한국어로 말을 걸고, 또 한국어를 못 알아듣는 척하면 일본어로 말을 걸죠. 심지어는 유창한 영어로 호객 행위를 하는 엘리트 삐끼(^^)도 있고요.

제가 아는 어떤 사람은 베이징에서 오랫동안 살아서 현지 사정을 잘 아는데도, 호기심에 호객꾼이 이끄는 술집에 들어갔다고 합니다. 룸 안으로 들어가자마자 예쁜 여성 접대부가 등장하고, 테이블에는 순식간에 주문하지도 않은 고급 양주와 갖은 안주가 놓여지고, 나중에 계산할 때 보면 엄청난 금액이 청구되는……, 뭐 그런 뻔한 스토리였죠. 중국어에 능통한 이 사람도 결국에는 인상이 험악한 남자 종업원의 협박에 못 이겨 수천 위안의 술값을 지불했다고 하네요. 그러니 절대로! 네버! 이런 호객꾼들을 따라가시면 안 된답니다. 잠깐! '호객 행위를 하다'는 중국어로 '라커 拉客 lākè'라고 하고요. 전문적으로 성매매 여성이나 퇴폐 유흥업소를 알선하는 호객꾼을 가리켜 '라피티아오 拉皮条 lāpítiáo'라고 부릅니다.

중국 사람들에게 담배香烟 xiāngyān상옌는 간편하면서도 효율적인 사교의 수단으로 널리 애용된답니다. 우리나라에는 없는 독특한 문화죠. 중국인과 식사를 함께 하거나 술자리를 가지면 그들은 항상 "라이, 초우 이 껄! 来, 抽一根儿。 Lái, chōu yì gēnr!자, 한 대 피우세요!"하며 상대방에게 담배를 권합니다. 택시를 탔을 때에도 운전기사가 거리낌없이 손님에게 담배를 권하기도 하고요. 또 중국인들은 결혼식을 할 때 신랑 신부가 하객들에게 기쁠 '희喜 xǐ'자가 쓰여진 담배이 담배를 '시옌喜烟 xǐyān'이라고 합니다.를 나눠 주기도 하는데, 많은 하객들이 이 '기쁨의 담배(?)'를 피워야 부부가 행복하게 잘 산다고 하네요. 참 재미있는 풍습이죠?

저는 평소에 담배를 피우지 않지만 업무와 관련된 중요한 모임에서 중국인이 담배를 권하면 호의를 생각해서 그냥 한 개피 받아 피우는 시늉을 합니다. 그러면 상대방과 더 빨리 친해질 수 있기 때문이죠. 물론 "뚜이부치, 워 부훼이 초우옌. 对不起，我不会抽烟。 Duìbuqǐ, wǒ búhuì chōuyān.죄송하지만 담배 안 피웁니다."라고 정중하게 거절을 해도 예의에 어긋나는 것은 아니고요.

전 세계 흡연자의 3명 가운데 1명은 중국인일 정도로 중국은 흡연 대국이라고 하죠? 최근 들어 언론에서 금연 캠페인을 활발히 벌이고 있지만 흡연자는 꾸준히 증가하고 있다고 하는데요, 이게 다 담배의 높은(?) 위상 때문은 아닐까요?

# 중국 아줌마들은 모두 춤바람이 났다?

제가 처음 중국에 갔을 때 굉장히 흥미롭다고 생각한 광경이 있었는데요, 저녁만 되면 길거리에 나와 단체로 사교댄스를 추는 중국 부녀자들의 모습이었습니다. 중국에서는 사교댄스를 '쟈오이우 交谊舞 jiāoyìwǔ'라고 하는데, '우정의 춤'이란 뜻이죠. 우리나라 사람들은 부녀자가 사교댄스를 춘다고 하면 춤바람이 났다며 조금 부정적으로 생각하잖아요. 물론 요즘은 많이 나아졌지만 말이예요.

하물며 사회주의 국가인 중국에서 그것도 길 한복판에서 공공연히 아주머니, 아저씨가 서로 부둥켜 안고 춤을 추는 모습이 제겐 무척 낯설고 신기할 수밖에 없었죠. 나중에야 알았는데 이들은 서로 모르는 남남이 아니라 대부분 부부 사이더라고요.

제가 사는 동네인 허핑리에도 아파트 앞에 있는 작은 공원에서 매일 밤 길거리 무도회가 열립니다. 저녁만 되면 공원 안에는 순식간에 간이 조명이 설치되고, 빵빵한(?) 음향을 자랑하는 스피커가 놓여 제법 근사한 야외 무도회장이 완성된답니다. 나름 멋지게 차려입은 중년의 커플들이 신나는 음악에 맞춰 룸바 伦巴 lúnbā룬바, 차차차 恰恰恰 qiàqiàqià챠챠챠, 쌈바 桑巴 sāngbā쌍바, 자이브 牛仔舞 niúzǎiwǔ니우자이우 같은 라틴 댄스 拉丁舞 lādīngwǔ라띵우를 멋들어지게 추는데, 그렇게 멋져 보일 수가 없더라고요. 이곳의 회원권은 한 달에 우리 돈 만 원 정도 하는데, 이렇게 부부가 매일 함께 춤을 추면 부부 금슬도 좋아지고 운동도 되고…… 진정한 '만 원의 행복'이란 바로 이런 게 아닐까요?

# 중국 연인들이 공원에서 애정 행각을 하는 데는 다 이유가 있다?

베이징에서 혼자 조용하게 공원을 산책을 하다 보면 뭔가 심상치 않은 광경을 자주 목격하게 됩니다. 바로 공원 여기저기서 진한(?) 애정 행각을 벌이고 있는 젊은 커플들의 모습이에요. 포옹이나 키스는 말할 것도 없고, 에로 영화를 방불케 하는 농도 짙은 스킨십까지……. 볼 때마다 눈을 어디로 둬야 할지 참 난감하더라고요. 특히 여름밤에는 공원 전체가 사랑이 넘치는 러브 파크(?)로 변하기도 한답니다. 저는 중국에 오기 전까지만 해도 "중국은 사회주의 국가니까 통제가 심해서 성에 대해 굉장히 보수적이겠지."라고 생각을 했었는데, 막상 와서 보니 우리보다 훨씬 개방적이더군요. 공원 말고도 버스나 지하철, 대학교 강의실, 심지어는 맥도날드나 KFC 같은 곳에서도 대담하게 스킨십을 즐기는 커플들이 많은데, 주위 사람들도 그걸 나무라거나 손가락질하지 않고 별로 대수롭지 않게 여긴답니다. 오직 저 혼자만 뚫어지게 쳐다본다는…….^^ 어떤 분들은 "아니, 왜 밖에서 저러지? 모텔이나 비디오방에 가면 될 텐데."라고 하시는데, 중국에서는 아직까지 '결혼 증명서'가 없으면 남녀가 같은 방에 투숙할 수 없어요. 설령 요령껏 들어간다고 해도 젊은 연인들에겐 적지 않은 숙박비가 부담이 될 수도 있고요. 베이징에도 호텔보다 조금 저렴한 모텔이 등장했지만, 말 그대로 숙박을 위한 곳입니다. 저녁만 되면 공원으로 모여드는 중국 연인들, 알고 보면 다 이유가 있는 거랍니다.

# HOt tIP



꽁티나 스차하이, 싼리툰의 수많은 술집과 나이트클럽 중에서도, 베이징 젊은이들과 외국인들에게 특히 사랑받는 곳은 따로 있기 마련입니다. 외국에 비해서도 뒤지지 않는 세련된 인테리어와 수준 높은 음악, 그리고 독특한 이벤트 등으로 인기를 모으는 나이트 스폿에서 공연과 파티를 즐기는 오늘날의 베이징 젊은이들 사이로 뛰어들어 보세요.

## Block 8

블록 8은 빠르게 진화하고 있는 베이징 나이트 라이프의 정점을 보여주는 복합 공간이다. 백화점만 한 크기의 건물은 총 6개의 유니크한 구역으로 나뉜다. 스시와 캘리포니아 롤을 전문으로 일식 레스토랑 하이쿠(hiku), 스테이크와 티파즈를 맛볼수 있는 퓨전 레스토랑 메드(MED), 특히 천정부터 바닥까지 시크한 느낌이 물씬 풍기는 바 '아이 울트라 라운지(I-ultra rounge)'는 이곳의 자랑. 이 바에선 유니크한 칵테일, 수준 높은 소믈리에가 셀렉팅하는 최고급 와인과 샴페인 등을 마실 수가 있다. 옥상에는 호주에서 공수한 모래로 해변 분위기를 연출한 야외 테라스 '비치(beach)'가 위치해 있다. 이곳 beach에선 모래 위에 놓여진 푹신한 쇼파에 앉아 조양 공원을 내려다보며 맥주를 마실 수가 있고, 또한 수준 높은 스파 서비스도 받을 수가 있다. '아이 울트라 라운지'에선 매주 목요일 밤 라틴 댄스 파티가, 금·토요일 밤에는 유럽의 톱 DJ가 플레잉하는 하우스 뮤직 파티가 열린다.

## Club VIX

매년 '베스트 클럽 인 베이징'에 선정될 만큼 베이징의 클러버들 사이에서 전폭적인 지지를 받고 있는 클럽. 하우스나 테크노보다는 hip-hop 뮤직이 주가 되는 이곳은 외국인들이 거의 절반이상을 차지한다. 내부는 두 개의 스테이지로 나뉘는데 스테이지를 둥글게 감싸고 있는 바에 앉아 있으면 어디서든 스테이지가 한눈에 들어오며 스테이지에 뒤에 설치된 대형 스크린에서는 힙합 아티스트의 뮤직 비디오와 현란한 vj쇼가 끊임없이 펼쳐진다. 한국인들도 많이 찾아서인지 mc 스나이퍼, 바치기 등의 국내 힙합 가수가 초청된 hip-han(韓) 파티가 열리기도 했다. 주말에는 사람이 꽉 들어차 움직일 틈이 없지만 세계 각지에서 모여든 글로벌한 나이트족은 어떤 모습일지 구경해 보는 재미가 쏠쏠하다.

# Club MIX

VIX와 마주보고 있는 클럽 MIX는 베이징에서 가장 좋은 수질(?)을 자랑하는 핫 클럽으로 명성이 자자하다. 섹시한 드레스 코드의 베이징 클러버들은 주말과 평일을 가리지 않고 이곳으로 몰려든다. 클럽 안에는 총 3개의 스테이지가 있는데 각 스테이지별로 하우스 · 일렉트로닉 · 힙합 등 다양한 장르의 음악이 플레잉된다. 이곳은 특히 한국 유학생이 가장 즐겨 찾는 클럽으로 한국인 DJ가 있어 최신 댄스 가요도 간간이 들리고, 또한 한국어가 가능한 클럽 매니저가 따로 있기도 하다. MIX는 다른 곳에 비해 클러버들의 연령대가 무척(?) 낮은 게 특징. 평일에도 발 디딜 틈이 없을 정도로 붐비는 클럽은 베이징에서 오직 MIX 한 곳뿐이다. 입장료: 평일 남성 30위안(여성 무료). 금 · 토 남녀 모두 50위안.

# Club Suzie Wong   苏西黄俱乐部 <sub></sub> 쑤시 황 쮜러뿌 / Sūxī Huáng Jùlèbù

베이징에서만 볼 수 있는 스타일리시한 클럽을 찾는다면 반드시 수지원에 가 볼 것! 모던한 느낌이 주가 되는 다른 클럽과 달리 이곳의 인테리어는 무척 중국적이다. 명 · 청 시대의 앤티크 소품으로 세팅된 테이블과 의자, 천장에 걸려 있는 새장. 자수가 들어간 쿠션 등의 소품 모두 중국풍. 벽 곳곳에 걸려 있는 춘화가 무척 몽환적이면서 동시에 아편굴 같은 퇴폐적인 느낌을 주기도 한다. 요일별로 특색 있는 이벤트가 열리는 것도 이곳의 특징. 화요일에는 라틴 댄스 파티, 목요일은 R&B와 힙합 파티, 주말에는 비키니 파티 같은 이벤트가 열린다. 여성 클러버를 위한 팁 하나! 매주 수요일은 Ladies night. 이날 밤 9~11시 사이에 입장하는 여성은 입장료를 받지 않으며, 장미와 칵테일이 무료로 제공된다. 팁 둘!! 금 · 토 밤 10시 전까지 입장하면 입장료가 무료이고 음료가 공짜로 제공된다..

# 베이징 CD재즈 카페   北京CD爵士俱乐部 <sub></sub> 뻬이징 스삐 쥐에스 쥐러뿌 / Beijing CD Juéshì Jùlèbù

베이징에서 제일 오래된 라이브 재즈 카페이다. 이곳은 베이징에서 가장 제대로 된 라이브 공연을 감상할 수 있는 곳으로 펑크 · 비밥 · 스윙 · 퓨전 등 다양한 장르의 재즈 연주를 들을 수가 있다. 이곳에서 공연하는 세션들의 국적은 일본 · 중국 · 미국 등 다양하며 버클리 음대를 졸업하거나 베이징 현대음악원의 교수를 겸하고 있는 실력파 연주자들이 많다. 매주 토요일 밤 10시부터는 다국적 세션으로 구성된 베이징 최고의 재즈 밴드 '아큐 재즈 아커스트라(AH-Q JAZZ Arkestra)'의 라이브 공연이 펼쳐진다. 라이브 공연이 있는 날은 자리가 없어 서서 맥주를 마시며 음악을 감상하는 외국인들이 많다. 토요일 밤에는 일찌감치 이곳에 와서 맥주 한 병 시켜놓고 미리 자리를 찜해(?) 놓는것도 현명한 선택일 듯.

## 이스트솔 라이브재즈 카페 东岸咖啡 <sup>똥안 카페이</sup> Dōng'àn Kāfēi

베이징 CD 재즈 카페와 더불어 베이징에서 가장 오리지널한 재즈 연주를 감상할 수 있는 재즈 카페가 바로 '이스트솔'이다. 베이징에서 오랫동안 살았던 사람들조차 이 분위기 있는 카페의 존재를 모르는 경우가 많다. 하지만 베이징의 진정한 재즈 마니아들이 진을 치는 데는 다 그럴 만한 이유가 있다. 이곳의 오너는 베이징 재즈계의 원로이자 중국 락의 대부 최건 밴드에서 색소폰 연주자로 활동했던 리우위엔이다. 베이징에서 가장 아름다운 호수로 꼽히는 스차하이의 치엔하이 前海 Qiánhǎi 동쪽 기슭에 위치해 있다는 사실 하나만으로도 가 볼 만한 가치는 충분하다. 카페가 2층에 있어서 재즈를 들으며 창을 통해 아름다운 호수의 경관을 감상할 수가 있다. 라이브 공연은 매주 목~일요일 늦은 저녁부터 시작된다.

## SONG 颂 <sup>쏭</sup> Sòng

SONG의 모토는 첫째도 스타일, 둘째도 스타일이다. 베이징에서 가장 스타일리시한 클럽 & 레스토랑인 '쏭'은 따뜻한 오렌지빛 조명과 목재로 만든 물결무늬 인테리어가 무척 시크한 느낌을 준다. 베이징에서 가장 hip한 나이트 플레이스로 꼽히는 이곳에선 유명 인사들의 파티와 해외 명품 브랜드의 런칭 행사가 자주 열린다. 매주 주말 밤에는 비싼 몸값을 자랑하는 DJ가 줄줄이 등장하며, '모엣 샹동' 샴페인을 마시는 부티 나는 파티 피플들이 넘쳐난다. tip 하나! 매일 오전 12시~오후 5시 사이에는 아피타이저·메인 요리·커피가 포함된 런치 메뉴를 78위안의 합리적인 가격에 맛볼 수가 있다. 스카이 스크린이 환상적인 고급 쇼핑몰 '더 플레이스' 지하 1층에 위치.

## 우공이산 愚公移山 <sup>위꽁이샨</sup> Yúgōngyíshān

낡은 전통 가옥을 개조해 만든 우공이산은 단순한 클럽이 아니라 다양한 공연 문화를 처험할 수 있는 종합 뮤직 공간이다. 양쪽 벽면에 드리워진 붉은 커튼과 작은 무대, 화이트 톤의 쇼파가 다소 단정해 보이지만 밤만 되면 이곳에서 뿜어져 나오는 열기와 에너지는 상상을 초월한다. 이곳은 단순한 클럽이라기보다는 다양한 공연 문화를 처험할 수 있는 라이브 뮤직 공간이다. 매일 저녁 8시 이후에는 국내외의 언더 락밴드나 힙합 그룹의 공연, 해외 유명 DJ 초청 파티, 아트 무비 상영 등 창의적인 이벤트가 끊이지 않는다. 저렴한 술값에 퀄리티 높은 다양한 음악 컨텐츠를 접할 수 있는 이곳은 단연 별 5개. 왜 이곳이 베이징의 트렌드 세터들과 전위적인 취향을 가진 외국인들에게 전폭적인 지지를 받는 나이트 스폿이 되었는지는 직접 가서 처험하자. 공연에 따라 50~80위안의 입장료를 받는다.

## Yin 바

2008년 4월에 오픈한 베이징 최초의 부티크 호텔 '디 엠퍼러 호텔 皇家驿栈 Huángjiāyìzhàn 황지아이짠'의 4층 옥상에 마련된 테라스 바이다. 디 엠퍼러 호텔은 베를린에서 가장 hip한 호텔로 꼽히는 Q-hotel과 브래드 피트의 할리우드 힐 스튜디오를 디자인해 유명해진 독일의 세계적인 건축회사 그라프트에서 맡았다. 베이징에서 가장 황홀한 테라스 바라는 수식어가 늘 따라다니는 이곳은 중국 각 분야의 명사들이 은밀히(?) 즐겨 찾는 프라이빗 공간이기도 한다. 사람들이 붐비지 않는 이 테라스 바에서는 자금성과 북해 공원, 천안문 광장의 전경이 한눈에 내려다보이며, 또한 저쿠지가 설치되어 있어 전통 중국식 안마와 스파 서비스를 받을 수도 있다. 지구상에서 8,700칸의 방이 있는 자금성을 내려다보며 와인을 마실 수 있는 바는 이곳이 유일하지 않을까?

## Jazz ya

재즈야는 오픈한 지 10년이 넘은 싼리툰의 터줏대감 카페로 일본의 락밴드 드러머 출신의 사장이 오픈을 한 가게. 밤만 되면 외국인 관광객과 그들을 유혹하려는 호객꾼이 넘치는 싼리툰의 술집 거리에 한적하게 자리하고 있다. 은은한 조명과 군더더기 없는 인테리어가 편안한 느낌을 준다. 일본 및 한국 유학생과 비즈니스맨들이 즐겨 찾는다. 이곳에선 100가지 이상의 칵테일과 다양한 브랜드의 중국 및 일본 맥주를 판매한다. 재즈야는 무엇보다 홈메이드 피자와 치즈 케익이 맛있기로 유명하다. 깔끔한 인테리어와 북적이지 않는 조용한 분위기의 술집을 찾는다면 재즈야를 추천한다.

# Part 8

여행생활

# in beijing

베이징을 즐기는
또 다른 방법들~

# Beijing Story

**난뤄구샹 — 베이징의 삼청동**

베이징에는 셀 수 없이 많은 '후통 胡同 hútòng 오래된 골목'이 있지만, 예스러움과 세련됨이 어우러진 고즈넉한 골목을 꼽으라면 단연 '난뤄구샹 南锣鼓巷 Nánluógǔxiàng'을 들 수가 있습니다. 서울의 삼청동을 연상시키는 이 운치 있는 골목길은 오래된 후통의 모습을 고스란히 간직하고 있으면서도 감각적, 예술적인 분위기가 물씬 풍기지요. 사진기를 든 젊은이들, 뚜벅이 배낭여행자들, 앞선 감각의 트렌디한 여성들, 어느덧 후통의 터줏대감이 되어 버린 푸른 눈의 아트 숍 주인은 이 골목길을 더욱 특별한 곳으로 만듭니다.

그럼 저와 함께 난뤄구샹을 한번 걸어 보실까요? '南锣鼓巷'이란 표이 골목길 안에는 '문우 치즈가게文于奶酪店 Wényú Nǎilàodiàn원위 나이라오디엔'라는 간판이 걸려 있는 유명한 맛집이 있어요. 이름은 '치즈 가게'지만, 실제로는 수제 요거트 숍입니다. 이곳에는 항상 사람들이 길게 줄을 서서 요거트를 사 먹는데요, 어찌나 인기 폭발인지 한정된 수량을 다 팔고 나면 그냥 문을 닫아버린답니다. 보통 점심 시간 전에 다 팔리죠. 문우 요거트가 인기가 많은 건 청나라 때부터 내려온 유제품 제작 방식 그대로 만들기 때문입니다. 저는 개인적으로 팥 요거트 红豆双皮奶 hóngdòu shuāngpínǎi홍또우 슈앙피나이를 즐겨 먹는데, 맛이 상당히 풍성하고 담백하답니다. 난뤄구샹에 가시면 꼭 한번 드셔 보세요.

난뤄구샹
南锣鼓巷
Nánluógǔxiàng

지판이 있는 골목에 들어서면 남북으로 길게 연결된 800여 미터의 한적한 골목길이 나타납니다. 이 골목길의 양편에는 예쁜 치파오를 파는 패션 숍, 미니멀한 바, 작지만 아담한 분위기의 카페와 레스토랑, 배낭여행자를 위한 게스트 하우스 등이 자리잡고 있습니다.

골목길에서 가장 오래되고 유명한 '꾸어커过客 Guòkè'는 낡은 전통 가옥을 개조해 만든 카페로, 안에는 넓은 정원이 있고 티베트풍으로 장식된 실내에는 론리 플래닛과 같은 여행서가 많아 배낭 여행자들의 발길이 끊이지 않는 곳입니다. 편안한 분위기의 '꾸어커'는 특히 홈메이드 피자가 맛있기로 유명한데, '꽁바오지딩 宮保鸡丁 gōngbǎojīdīng 닭볶음 요리'이나 '양로우 촨羊肉串 yángròuchuàn 양고기 꼬치구이' 피자는 한 번쯤 먹어 볼 만한 메뉴입니다.

예쁜 거리를 따라 계속 걷다 보면 외국인이 운영하는 독특하면서도 개성 넘치는 디자이너 숍 두 곳을 발견하실 수가 있는데요, 한 곳은 난뤄구 샹을 대표하는 티셔츠 숍인 Plastered 8입니다. 후통의 매력에 심취한 영국인이 운영하는 이 가게에는 중국 요리 이름, 구식 보온병, 버스 표지판, 지하철 티켓 같은 중국의 다양한 문화적 아이콘을 새겨 넣은 티셔츠를 판매합니다. 오직 난뤄구샹에서만 구입할 수 있는 이 티셔츠의 가격은 130위안 우리 돈 2만 6천 원 정도인데, 베이징을 방문한 기념으로 하나쯤 사셔도 좋을 듯 싶어요. 디자인이 정말 독특하거든요.

난뤄구샹을 대표하는 디자이너 숍
Plastered 8

다른 한 곳은 Grifted란 이름의 팬시 숍입니다. 마오쩌둥·레닌·체 게바라와 같은 혁명 지도자의 익살스러운 캐릭터 인형이나 짙은 화장에 붉은색 치파오를 입은 상하이 여인이 그려진 티셔츠, 왠지 불량스러워 보이는 판다가 프린트된 포장지 등 뉴욕에서 건너온 주인의 톡톡 튀는 감각을 엿볼 수 있는 깜찍한 소품이 가득한 곳입니다.

거리를 걷다 잠시 쉬고 싶으시면 예쁜 카페 샤오신 카페 小新的店 Xiǎo Xīn de Diàn 샤오신 더 띠엔나 티베트 카페 西藏咖啡馆 Xīzàng Kāfēiguǎn 씨장 카페이관에 앉아 차를 마시며 친구에게 엽서를 한 장 쓰셔도 좋고요. 만약 밤에 이 거리를 걷게 된다면 샬루드 바 老五酒吧 Lǎowǔ Jiǔbā 라오우 지우바에 한번 들러 보세요. 규모는 아주 작지만 쟁쟁한 재즈 뮤지션들의 라이브 공연을 감상할 수 있답니다. 베이징에서 가장 규모가 작은 바로, 4평 남짓한 공간에 테

티베트 카페

한향관

이불이 딱 한 개밖에 없는 12SQM 12平米 Shí'èr píngmǐ스얼 핑미에서 '베이징 스카이'란 이름의 칵테일을 한 잔 마셔 보는 건 어떨까요?

참! 베이징의 미식가들 사이에서 입소문이 상당한 한향관 韓香馆 Hánxiāngguǎn한샹관이란 한국 음식점도 이 골목 안에 있습니다. 한국인보다 현지인과 외국 사람들이 더 많이 찾는 이곳은 2층 테라스에서 후통을 내려다보며 한식을 즐길 수 있는 유일한 곳입니다.

베이징의 '따샨즈 大山子 Dàshānzǐ'에 위치한 798예술구 798艺术区 Qījiǔbā yìshùqū치지우빠 이슈취는 베이징의 새로운 관광 명소로 세계인들의 주목을 받고 있는 곳입니다. 베이징의 소호 SoHo : 뉴욕의 예술 거리라고도 불리는 이곳은 원래 1950년대 구 소련의 원조와 동독의 설계로 건설된 대규모 군수 공장 지대였습니다. 90년대 들어 공장이 하나둘 문을 닫고 가난한 예술인

들이 싼 임대료를 찾아 이곳에 모여들면서 자연스레 예술촌이 형성되었습니다. 한때는 황폐하게 버려진 공장 지대였던 798. 이제는 세계 각국에서 모여든 200여 개의 갤러리와 100여 곳이 넘는 창작 공간, 사진 스튜디오, 패션 숍, 레스토랑, 카페 등이 한데 어우러진 중국 최대의 종합 문화 예술 공간으로 탈바꿈했습니다.

798은 예술에 전혀 관심이 없는 사람도 충분히 흥미를 느낄 만큼 볼거리가 많은 곳입니다. 낡은 공장의 벽은 개성 있는 그래피티 아트 Graffiti Art : 거리 벽화로 장식되어 있고, 길게 뻗은 가로수 사이사이에는 위트 있는 조각상들이 서 있습니다. 광장 한가운데에선 젊은 행위 예술가들의 열정적인





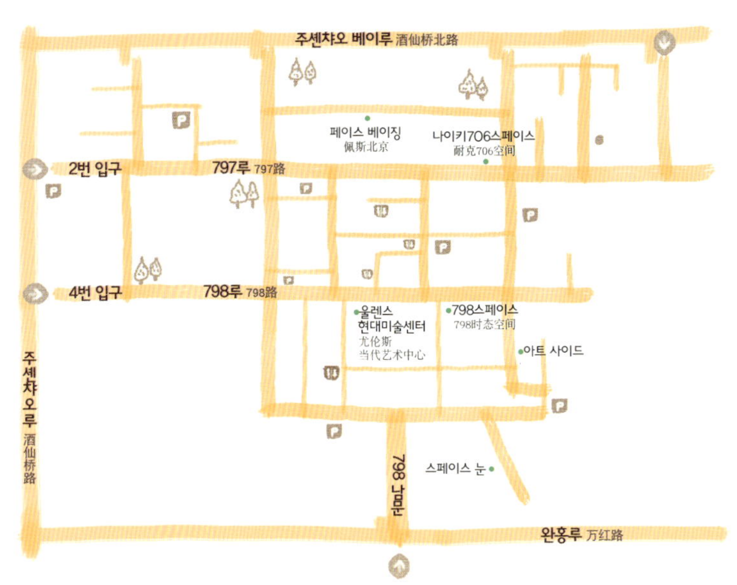

저는 날씨가 좋은 날 이곳에서 산책하는 걸 즐기는데요, 가로수 길을 걸으면서 사진도 찍고, 그러다 예쁜 갤러리가 있으면 들어가서 예술 작품도 감상하고, 조용한 카페에 앉아 책도 읽으며 한가로이 시간을 보낸답니다. 이곳의 분위기를 제대로 느끼시려면 주말보다는 평일에 가시는 게 좋아요. 왜냐하면 최근 들어 국내외 언론의 집중 조명을 많이 받은 탓인지 관광객들로 굉장히 북적거리거든요. 특히 서양인들에게는 이곳이 만리장성, 고궁과 함께 베이징에서 꼭 가 봐야 할 3대 관광지로 여겨질 정도이니까요. 또 798 안에는 분위기 좋은 카페가 많은데요, 그 중에서도 한국인이 운영하는 갤러리 카페 Vantt와 At cafe가 이곳 예술인들 사이에선 유명하답니다. 운이 좋으면 위에민쥔岳敏君 Yuè Mǐnjūn이나 장샤오강张晓刚 Zhāng Xiǎogāng 같은 거물급 화가들을 만날 수도 있고요. 참 월요일엔 대부분의 갤러리가 쉰답니다.

퍼포먼스가 펼쳐지고, 메인 거리에선 실력 있는 스트리트 뮤지션들의 게릴라 콘서트가 끊임없이 열리는 등 이곳에 오면 잠시도 지루할 틈이 없습니다.

798 예술구를 알차게 구경하려면 몇 가지 사전 정보가 있어야 해요. 규모가 워낙 넓어 중요한 전시 공간을 그냥 지나칠 수도 있거든요. 자! 그럼 제가 798 예술구에서 꼭 가야 할 갤러리를 몇 군데 소개할게요. 먼저 울렌스 현대미술센터 尤伦斯当代艺术中心 Yóulúnsī Dāngdài Yìshù Zhōngxīn요 우룬쓰 땅따이 이슈 쫑신란 갤러리입니다. 벨기에 출신의 세계적인 중국 미술 콜렉터인 가이 울렌스가 세운 곳으로 2,000평이 넘는 거대한 공장 건물 안에는 3개의 유니크한 전시홀展厅 zhǎntīng잔팅이 마련되어 있습니다. 대륙적인 기질이 돋보이는 거대한 스케일의 설치 미술 작품이 주로 전시되는데, 798 안에서 유일하게 입장료성인 15위안, 학생 무료를 받는 곳이기도 합니다. 이곳에서 운영하는 레스토랑 SUPER GANBEI는 예술적인 인테리어와 맛으로 외국 컬렉터들과 관람객에게 큰 인기를 얻고 있답니다.

그 다음은 798 예술구를 대표하는 갤러리인 798스페이스798时态空间 Qījiǔbā Shítài Kōngjiān치지우빠 스타이 콩지엔'입니다. 전시장 내부에는 예전 군수품을 만들 때 썼던 작업용 선반과 드릴이 그대로 남아 있고, 콘크리트 벽에 걸린 예술 작품 위로는 붉은 글씨로 '마오쩌둥 주석은 우리 마음의 붉은 태양毛泽东主席, 我们心中的红太阳 Máo Zédōng zhǔxí, wǒmen xīnzhōng de hóng tàiyáng', '마오 주석 만세 만만세毛主席万岁万万岁 Máo zhǔxí wànsuì wànwànsuì' 같은 선전 문구가 선명히 적혀 있어 가장 798다운 느낌을 주는 전시 공간입니다. 또 뉴욕의 유서 깊은 갤러리인 페이스 윌덴스타인Pace Wildenstein에서 연 페이스 베이징佩斯北京 Pèisī Běijīng페이쓰 베이징과, 다국적 기업인 나이키에서 만든 갤러리로 마이클 조던이 경기장에서 신었던 신발과 각종 소장품을 전시하고 있는 나이키 706 스페이스耐克706空间 Nàikè Qīlíngliù Kōngjiān나이커 치링리우 콩지엔'도 한 번쯤 들러 볼 만한 곳입니다.

만일 좀 더 시간 여유가 있다면 798예술구에 진출한 한국 화랑인 아트 사이드Art side, 표 갤러리Pyo gallery, 스페이스 눈Space noon도 참관해 보세요.

798스페이스

나이키 706 스페이스

베이징의 겨울은 서울과 비슷하게 춥지만 워낙 건조해 눈이 잘 내리지 않습니다. 그런데도 베이징 시민들은 눈이 내리면 별로 반가워하지 않는 것 같아요. 뭐 눈이 오고 나면 길이 꽁꽁 얼어붙어 자전거 타기에도 불편하고 교통도 복잡해지니까요. 하지만 저는 베이징에 눈

오스트리아 인이 직접 설계와 관리를 담당하는 멜로우 파크에서는 해마다 버튼 클래식Burton Classic, 레드불 오픈Redbull Open 같은 굵직굵직한 국제 대회가 열리는데요, 일반인들도 참가 신청을 하면 대회에 출전할 수 있습니다. 저도 몇 년 전에 이곳에서 열린 노키아 컵 스노보드 대회에 유일한 한국인 선수로 출전했었는데요, 난이도가 무척 높은 파크에서 목숨(?)을 걸고 기량을 뽐냈지만 부끄럽게도 여선 꼴찌의 초라한 성적으로 탈락하고 말았죠. 프로 선수 뺨치는 중국 보더들의 실력이 장난이 아니더라고요. 참 이곳에 가시면 야외 테라스 식당에서 파는 숯불 꼬치구이를 꼭 한번 드셔 보세요! 하얀 설원을 바라보며 먹는 닭고기 꼬치구이 맛이 아주 끝내주거든요.

이 펑펑 내리면 괜히 마음이 설렌답니다. 왜냐하면 제가 가장 좋아하는 스노보드 单板滑雪 dānbǎn huáxuě딴반화쉬에를 탈 수 있기 때문이죠. '베이징에서도 스노보드를 탈 수 있을까?'라고 생각하시는 분들이 많은데, 현재 베이징 근교에는 좋은 시설을 갖춘 스키장滑雪场 huáxuěchǎng화쉬에창이 여러 곳 있답니다. 사계절 내내 스키와 보드를 탈 수 있는 실내 스키장도 있고요.

겨울 시즌이 되면 화이베이怀北 Huáiběi 스키장, 위양渔阳 Yúyáng 스키장, 스징룽石京龙 Shíjīnglóng 스키장, 난산南山 Nánshān 스키장 등 베이징 근교에 위치한 스키 리조트는 레저 문화를 즐기려는 중국인들로 언제나 북적입니다. 저는 이중에서 난산 스키장을 가장 즐겨 찾는데, 시내에서 차를 타고 30분 정도만 가면 도착하는 가까운 거리에 있습니다. 이곳은 한국 스키장에 비해 규모는 작지만, 초·중·상급 수준별로 슬로프 코스雪道 xuědào 쉬에따오가 잘 되어 있고, 렌탈 장비雪具 xuějù쉬에쮜나 리프트缆车 lǎnchē란처의 관리 상태도 좋아 현지인들과 베이징에 거주하는 외국인들이 제일 선호하는 스키 리조트입니다.

이곳은 중국 젊은이들 사이에서 일명 '스노보드의 성지'라고도 불리는데요, 중국에서 가장 스케일이 크고 시설이 좋은 스노보드 파크가 있기 때문입니다. '멜로우 파크'라는 이름의 이 보드 전용 슬로프에는 쳐다보기만 해도 현기증이 날 만큼 거대한 대형 점프대跳台 tiàotái티아오타이와 하프 파이프U型槽 U-xíngcáo유씽차오, 철골로 만든 각종 레일铁杆儿 tiěgānr티에깔 등 위험천만(?)한 기물들이 빼곡이 설치되어 있습니다. 이곳에서는 화려한 보드복과 아이팟으로 무장한 중국 보더들을 만날 수 있는데, 개인기가 어찌나

장비를 렌탈하고 싶어요.
워 야오 쭈 쉬에쮜.
我要租雪具。
Wǒ yào zū xuějù.

좋은지 보고 있으면 감탄이 절로 나온답니다.

만약 보드를 전혀 못 탄다면 이곳에서 중국인 강사教练 jiàoliàn찌아오리엔에게 레슨을 받는 건 어떨까요? 중국어로 진행되는 레슨을 통해 어학 실력도 향상시키고 보드도 배우는 일석이조의 효과가 있지 않을까요? 아니면 초급 보더 전용 슬로프에서 혼자 엉덩방아를 찧어가며 고군분투하는 것도 괜찮고요. 이때는 헬멧头盔 tóukuī토우쿠이과 고글雪镜 xuějìng쉬에징, 그리고 제일 중요한 엉덩이 보호대护具 hùjù후쮜는 꼭 착용하도록 하세요.

한국인에게 인기 있는 이룬탕







베이징에서 느낄 수 있는 또 하나의 호사스러움은 바로 발 마사지입니다. 한국에도 발 마사지를 전문으로 하는 숍이 많이 생겼지만, 베이징의 발 마사지는 한번 받아 본 사람은 그 시원한 느낌을 좀처럼 잊기 힘들 정도로 중독성(?)이 강하답니다. 저렴한 가격 또한 중국 마사지만의 매력이고요. 중국에서는 발 마시지를 '주랴오足疗 zúliáo' 또는 '주디 안모足底按摩 zúdǐ ànmó'라고 하는데요, 길거리를 돌아다니면 간판에 '足疗'라고 쓰여진 발 마사지 숍을 흔히 볼 수 있습니다. 그럼 저와 함께 발 마사지의 세계로 한번 빠져 볼까요?

이곳에선 전신 안마 全身按摩 quánshēn ànmó취엔션 안모, 족부 안마 足疗 zúliáo주랴오, 경락 안마 经络按摩 jīngluò ànmó징뤄 안모 같은 보통 안마에서부터 머리, 목, 허리 등의 특정 부위를 지압하는 부위별 안마, 그리고 치료를 목적으로 하는 중의 안마 中医按摩 zhōngyī ànmó쭝이 안모까지 다양한 안마를 받을 수가 있습니다. 또 불을 이용한 전통 부항拔罐 báguàn바관이나, 발 손질修脚 xiūjiǎo시우쟈오 같은 서비스를 받을 수도 있

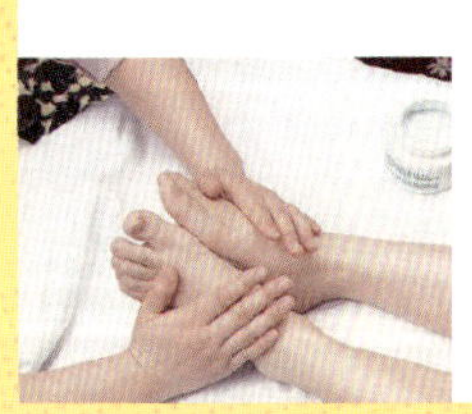

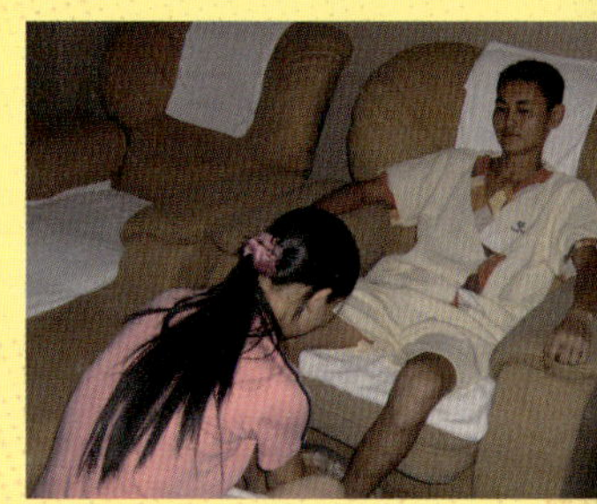

베이징에는 체인점 형태의 발 마사지 숍이 많은데요, '량즈찌엔션 良子健身 Liángzǐ Jiànshēn'과 '이룬탕頣润堂 Yírùntáng'이란 곳이 대표적입니다. 저는 개인적으로 이룬탕을 많이 찾는데요, 한국 교민들 사이에선 유명한 곳이죠. 이곳은 아무래도 한국인들이 많이 찾다 보니 서비스도 괜찮고 안마사들의 실력이 다른 곳에 비해 믿을 만하거든요. 또 숍에는 안마사들의 사진이 걸려 있어 손님이 직접 안마사를 선택할 수도 있고요. 베이징의 한인촌인 왕징 지역에 여러 개의 체인점이 있는데, 왕징의 '인링궈지银玲国际 Yínlíng Guójì'에 위치한 분점의 시설이 제일 좋답니다.

대표적인 발 마사지 체인점
량즈찌엔션



고요. 안마의 종류가 참 다양하죠? 발 마사지도 발을 담그는 물에 어떤 재료가 들어가는지에 따라 가격이 달라지는데요, 그냥 보통 발 마사지普通足疗 pǔtōng zúliáo푸퉁 주랴오를 선택하시는 게 제일 무난하답니다.

안마에 들어가기 전 먼저 발의 혈액 순환을 돕기 위해 약초를 넣고 끓인 뜨거운 물에 발을 담그는데요, 이렇게 발을 담근 상태로 앉아 있으면 안마사들이 어깨와 목, 등을 두드리며 뭉친 근육을 시원하게 풀어 줍니다. 참! 발을 담그는 물이 너무 뜨거우면 그냥 참지 마시고 "타이 탕! 太烫! Tài tàng! 너무 뜨거워요!"하고 말하세요. 그러면 찬물을 조금 섞어 줄 거예요.

본격적인 발 마사지가 시작되면 안마사는 손님에게 "제 힘의 세기가 적당한가요? 力度可以吗? Lìdù kěyǐ ma?리뚜 커이 마?"라고 물어보는데요, 만약 아프시면 "텅!疼! Téng!아파요!"이라고 말하세요. 그리고 "칭 이디엔! 轻一点! Qīng yìdiǎn!살살 해 주세요!"이라고 말하면 안마사가 강도를 알맞게 조절해 줄 거예요. 제 경험상 보통 안마사들의 힘이 너무 강해서 문제이지만, 만약 힘이 너무 약하다 싶으면 "챵 이디엔! 强一点! Qiáng yìdiǎn!세게 해 주세요!"이라고 말하시고요, 저처럼 간지러움을 많이 탄다면 "양! 痒! Yǎng!간지러워요!"이라는 표현도 알아 두시면 좋겠죠? 하지만 이건 안마사도 어떻게 해 줄 방법이 없다는 거! ^^

마사지를 받는 동안에는 그냥 눈을 감고 편안하게 잠을 한숨 청하는 것도 좋겠죠? 어느덧 60분간의 안마가 끝나면 안마사가 "시간을 더 연장하실 건가요?加种吗? Jiā zhǒng ma?지아 중 마?"라고 물어봅니다. 그냥 "됐습니다!"라고 말하실 땐 "메이꾸안씨! 没关系! Méi guānxi!"라고 하세요. 그리고 열심히 땀을 흘리며 안마를 한 안마사에게 "수고하셨어요!辛苦了! Xīnkǔ le! 씬쿠러! "라는 인사말을 건네는 것도 잊지 마시고요.

니 야오 딴반, 하이스 슈앙반?

**A** 你要单板，还是双板[1]？
Nǐ yào dānbǎn, háishi shuāngbǎn?

보드 타실 거예요, 아니면 스키 타실 거예요?

워 야오 딴반.

**B** 我要单板。
Wǒ yào dānbǎn.

보드 탈 건데요.

니 촨 뚜오따 하오 쉐에시에?

**A** 你穿多大号雪鞋[2]？
Nǐ chuān duōdà hào xuěxié?

부츠는 몇 사이즈 신으세요?

워 촨 쓰스얼 하오.

**B** 我穿42号[3]。
Wǒ chuān sìshí'èr hào.

42호요.

니 하이 야오 쭈 쉐에푸 마?

**A** 你还要租雪服吗[4]？
Nǐ hái yào zū xuěfú ma?

보드복도 대여하실 건가요?

쭈 이 찌엔 뚜어샤오 치엔?

**B** 租一件多少钱[5]？
Zū yí jiàn duōshao qián?

한 벌 빌리는 데 얼마예요?

샹이 싼스, 쿠즈 싼스

**A** 上衣30，裤子30[6]。
Shàngyī sānshí, kùzi sānshí.

상의 30위안, 하의 30위안입니다.

워 야오 이 타오.

**B** 我要一套[7]。
Wǒ yào yí tào.

한 벌 주세요.

**1**

딴반单板 dānbǎn은 스노보드, 슈 앙반双板 shuāngbǎn은 스키를 말합니다. 하이스还是 háishi 는 아니면, 또는의 뜻이고요.

**2**

촨穿 chuān은 입다, 신다의 뜻으로, 옷을 입거나 신을 신는 경우에 두루 쓰입니다. 뚜어따 하오多大号 duōdà hào 는 옷이나 신발 사이즈를 물을 때 쓰는 표현으로, 여기서 하오号 hào 는 사이즈의 뜻입니다. 예를 들어 "(옷이나 신발의) 사이즈가 어떻게 되세요?"란 말을 중국어로는 "니 촨 뚜어따 하오?你穿多大号? Nǐ chuān duōdà hào?"라고 표현합니다. 쉬어시에雪鞋 xuěxié 는 스노보드 부츠를 말하고요. 참고로 바인딩은 꾸띵치固定器 gùdìngqì라고 합니다.

**3**

중국은 우리와 신발 사이즈를 표시하는 방법이 달라요. 우리는 신발 사이즈를 mm로 표현하지만 중국어선 하오号 hào 로 표현하거든요. 한국 사이즈 mm를 중국 사이즈로 바꾸는 공식이 있어요. 바로 (한국 사이즈×0.2)−10= 중국 사이즈랍니다. 그러니까 260mm는 42하오, 255mm 는 41하오, 250mm는 40하오가되는 거죠.

**4**

하이还 hái 는 또, 더, 야오要 yào 는 필요하다, 쭈租 zū 는 빌리다, 쉬어푸雪服 xuěfú 는 스키(스노보드)복을 뜻합니다.

**5**

찌엔件 jiàn 은 옷을 세는 단위로, 이 찌엔一件 yí jiàn 은 한벌의 뜻입니다.

**6**

샹이上衣 shàngyī 는 외투, 쿠즈裤子 kùzi 는 바지입니다. 중국 사람들은 30위안을 말할 때 액수 뒤의 위안元 yuán 또는 콰이块 kuài 를 생략하고 그냥 "싼스"라고 숫자만 말할때가 많습니다.

**7**

타오套 tào 는 묶음·세트를 세는 단위로 이 타오一套 yí tào 는 한벌의 뜻입니다. 참고로 중국 스키장어선 장비나 옷을 런탈할때 보통 200~300위안 정도의 보증금을 내야합니다.

난뤄구샹은 어떻게 가나요?

난뤄구샹 전머 조우?
南锣鼓巷怎么走?
Nánluógǔxiàng zěnme zǒu?

여기에서 사진 찍어도 되나요?

쩔 커이 짜오샹 마?
这儿可以照相吗?
Zhèr kěyǐ zhàoxiàng ma?

이 갤러리는 몇 시에 문 닫나요?

쩌 잔팅 지 디엔 꾸안먼?
这展厅几点关门?
Zhè zhǎntīng jǐ diǎn guānmén?

우리 스키 타러 가자!

잔먼 취 화쉬에 바!
咱们去滑雪吧！
Zánmen qù huáxuě ba!

보드 장비를 빌리고 싶은데요.

워 야오 쭈 딴반 쉬에쮜.
我要租单板雪具。
Wǒ yào zū dānbǎn xuějù.

보통 발 마사지로 할게요.

워 야오 푸통 주디 안모.
我要普通足底按摩。
Wǒ yào pǔtōng zúdǐ ànmó.

너무 아파요.

타이 텅.
太疼。
Tài téng.

조금 살살 해 주세요.

칭 이디엔.
轻一点。
Qīng yìdiǎn.

조금 세게 해 주세요.

챵 이디엔.
强一点。
Qiáng yìdiǎn.

수고하셨어요.

신쿠 러.
辛苦了。
Xīnkǔ le.

# China talk

**이것만은 꼭 알고 싶다!**

## 중국 사람들은 한국 예능에 푹 빠졌다?

중국의 젊은 세대들은 스마트폰, 인터넷을 통해 한국의 각종 예능 프로그램을 섭렵합니다. 한국에서 본 방송이 나간 후 약 1시간 정도면 완벽한 중국어 자막이 입혀져 각종 동영상 사이트에 순식간에 업로드됩니다. 그럼 중국 사람들이 사랑하는 K-예능 프로그램으로 어떤 게 있을까요? 먼저 MBC의 간판 예능 프로 〈아빠! 어디가?〉의 중국어판 〈빠빠 취날 爸爸去哪儿 Bàba qù nǎr〉. 2013년 후난 TV에서 포맷을 수입해 영화까지 제작되며 큰 인기몰이를 했죠. 최근에는 중국 방송 매체 심의 기관인 광전총국의 '미성년자 예능 프로그램 출연 제한령'에 따라 새로운 시즌 제작이 불투명해졌죠. 저장 TV에서 방영 중인 〈런닝맨〉의 중국 버전, 〈뻔파오바 시옹띠! 奔跑吧，兄弟! Bēnpǎoba, xiōngdì〉 역시 1일 1억 뷰라는 중국 예능 사상 최고의 시청률을 기록하며 고공 행진 중이고요. 후난 TV의 〈나는 가수다〉의 중국판 〈워스 꺼쇼우 我是歌手 Wǒ shì gēshǒu〉 시즌 4에서는 첫 외국인 참가자로 출연한 가수 황치열이 우승을 거머쥐며 역주행 한류 스타 대열에 합류했고요. 또 CCTV1에서 정식 판권을 사서 제작한 〈무한도전〉의 중국판 〈랴오부치더 탸오잔 了不起的挑战 Liǎobuqǐ de tiǎozhàn〉은 국내 제작진이 직접 중국 현장에 참여해서 완성도가 있답니다. 그 외에도 한국 예능 프로그램 형식을 본뜬 프로그램이 많아, 그야말로 한국 예능 프로그램이 완전 대세인 것을 알 수 있답니다. ^^

중국 사람들의 생활을 가까이에서 느껴 보고 싶다면 아침 일찍 공원에 나가 보세요. 새장을 갖고 산책을 나온 할아버지들, 공원 바닥에 먹물이 아닌 맹물로 붓글씨를 쓰는 사람들, '얼후 二胡 èrhú 우리의 해금과 비슷하게 생긴 중국 전통 악기' 같은 전통 악기를 연주하는 사람들, 신나는 음악에 맞춰 탱고나 차차차를 추는 금슬 좋은 중년 부부까지, 부지런하고 활동적인 중국인들의 다양한 모습을 볼 수가 있습니다.

특히 이곳저곳에서 다양한 무술을 연마하는 사람들을 볼 수가 있는데요, 우리에게도 익숙한 태극권부터 작은 원을 그리며 빙글빙글 도는 팔괘장, 무협 액션 영화에 나올 법한 화려한 동작을 선보이는 장권까지, 그야말로 무림의 고수들이 잔뜩 모여 있는 무림 천국입니다. 이 무림의 고수들은 유파별로 고유의 영역을 정해 놓고 수련을 하는데, 흔히 그 무술파가 세력이 센지 아닌지는 공원 내에서 얼마나 좋은 위치를 잡았는가, 또는 수련생이 얼마나 되느냐에 따라 알 수가 있습니다. 가끔 공원에 산책을 나가서 이들의 훈련 모습을 가만히 지켜보고 있으면 무술파의 장이 제자들로 하여금 즉석 무술 공연을 펼치게 해서 회원 가입을 유도하기도 한답니다.

아직까지 장풍을 쏘거나 나뭇가지를 밟고 허공을 나는 진정한 고수(?)는 못 만났지만, 80이 넘은 나이에도 젊은 장정 한두 명은 거뜬히 쓰러뜨릴 수 있는 고수는 공원 어딘가에 분명 존재한답니다.

# 중국인들은 태극권을 싫어한다?

중국의 공원이나 광장에서는 이른 아침부터 태극권 太极拳 tàijíquán타이지취엔을 수련하는 사람들의 모습을 쉽게 볼 수가 있습니다. 그런데 자세히 들여다보면 수련자 중 대부분은 연세가 지긋이 드신 할아버지나 할머니이고 젊은 사람들은 거의 찾아볼 수가 없습니다.

제가 베이징에서 대학을 다닐 때 학과 커리큘럼 중에 태극권 수업이 포함되어 있어 한 학기 동안 태극권을 배웠는데, 그 후로 더욱 관심이 생겨 따로 중국인 사부님을 모시고 태극권을 전문으로 수련했었습니다. 뻣뻣하게 굳은 몸을 이끌고 일주일에 3번 태극권 도장에 다니고, 주말이나 새벽에도 공원에 나가 열심히 실력을 갈고 닦았죠. 제가 다니던 도장에는 20명 정도의 중국인이 같이 수련을 했는데, 젊은 사람은 고작 1, 2명에 불과했습니다. 간혹 젊은 수련생이 새로 들어오더라도 금세 싫증이 났는지 한 달이 채 안 되서 그만두는 경우가 많았습니다. 제 중국인 친구들도 제가 태극권을 배운다고 하면 "태극권은 노인들이나 하는 운동 아니니?" 이렇게 시큰둥한 반응을 보이기 일쑤였죠. 심지어는 양가 태극권 태극권의 유파 중 하나의 5대 전수자인 제 사부님의 외아들조차 태극권 대신 태권도 도장에 다녀 사부님이 늘 불만이 많았으니까요.

외국인 태극권 수련생인 제가 봤을 때도 중국의 젊은이들이 정신과 신체를 두루 단련할 수 있는 운동인 태극권을 점점 외면하고 있는 현실이 조금은 안타깝게 느껴진답니다.

많은 분들이 "요즘 중국에서 가장 인기 있는 한류 스타는 누구예요?" 하고 물어보시는데, 저는 그때마다 "글쎄요."라고 대답합니다. 그 이유는 중국에서 한류 열풍이 많이 변화했기 때문이죠.

제가 처음 중국에 유학을 갔을 때 막 안재욱 · 최진실이 주연한 드라마 〈별은 내가슴에〉가 중국에서 방영되어 엄청난 인기를 끌었습니다. 그때 중국에서 안재욱의 인기는 상상을 초월했습니다. 거의 욘사마 수준이었죠. TV 광고는 물론이고, 라디오 · 학교 방송국 · 동네 레코드점에서도 지겨울 정도로 안재욱이 부른 드라마 주제가를 틀어 댔었죠. 드라마 속 안재욱의 헤어스타일이 대유행하기도 했다는 거! 그리고 전지현도 〈엽기적인 그녀〉의 히트로 베이징의 광고판을 점령하기도 했답니다. 〈대장금〉도 빼놓을 수가 없는데, 후진타오 국가 주석도 〈대장금〉을 보고 이영애의 팬이 되었다고 하죠? 택시를 타면 제게 '오나라~, 오나라~' 하고 주제가를 불러 주며 노래 솜씨를 뽐내는 기사도 있었고, 대학원 논문 심사 땐 교수님 중의 한 분이 대장금 주제가를 부를 줄 아냐며 농담을 건넨 적도 있었습니다.

하지만 요즘 이런 인기는 대충 시들해졌습니다. 제 중국인 친구들은 이젠 한국 드라마가 식상하다고 합니다. 대신 앞서 말했듯 우리나라 음식이나 예능 프로그램 등이 전폭적인 사랑을 받고 있습니다. 그 모습은 바뀌어을지언정 한류 열풍은 계속되고 있답니다.^^

# 중국 찜질방은 가족끼리 갈 곳이 못 된다?

베이징에서 살면서 가끔 그리운 것 중 하나가 한국에 있는 찜질방이에요. 특히 날씨가 우중충하고 몸이 찌뿌둥할 때면 뜨끈뜨근한 찜질방에서 몸을 지지고(?) 싶은 생각이 간절해지죠.

중국에서는 찜질방을 사우나 桑拿浴 sāngnáyù쌍나위 또는 목욕 센터 洗浴中心 xǐyù zhōngxīn시위 쫑신(^^)라고 합니다. 베이징에도 한국 처럼 거대하진 않지만 꽤 좋은 시설을 갖춘 한국식 찜질방이 몇 곳 있답니다. 이런 찜질방은 한국 교민들이 많이 모여 사는 왕징 지역에 많은데, 찜질방 문화에 익숙지 않은 중국 사람들도 많이 찾는 편이에요. 어디서 배웠는지 양머리 수건을 뒤집어쓴 중국인들의 모습도 간혹 보이고요.

근데 중국인들과 같이 찜질방에 누워 있으면 가끔 눈살이 찌푸려질 때가 있어요. 몇몇 에티켓 없는 아저씨들이 웃통을 벗고 누워 있다거나 실내에서 담배를 피우기도 하거든요. 이곳에선 발 마사지와 전신 안마 등 다양한 종류의 안마도 받을 수 있는데, 특이한 건 조금 민망한(?) 서비스가 행해진다는 사실이에요. 메뉴표를 보면 풀코스 태국식 안마, 전신 기름 안마(?) 같은 요상한 이름의 안마 서비스가 있는데, 대부분 안 좋은 서비스라고 보시면 됩니다. 우선 가격부터가 최소 400위안우리 돈 8만 원 이상이니 금방 알아차릴 수 있죠. 그래서인지 중국 사람들에게 사우나는 대중적인 휴식 장소가 아니라, 유흥 · 사치 · 접대의 공간으로 인식되기도 한답니다.

# HOt tIP



여가 생활에서 각종 공연 관람을 빼놓을 수는 없겠죠? 특히 중국 문화의 정수를 제대로 느낄 수 있는 공연이라면 한 번쯤은 꼭 관람하시게 될 거예요. 베이징에는 경극이나 변검, 만담 등의 중국 전통 공연 예술을 체험할 수 있는 전문 공연장이 여러 군데 있습니다. 이 중에서도 특히 수준 높은 공연과 종합적인 문화 체험을 제공하는 두 공연장을 추천할까 합니다.

## 매란방 대극원 梅兰芳大剧院 메이란팡 따쥐위엔 Méilánfāng Dàjùyuàn

최근에 개관한 경극 전용 극장으로, 이곳에서 공연하는 국립 단원의 실력은 다른 경극 극장과는 그 수준이 다르다. 각 작품마다 엄격하게 선정된 장인급 배우들의 자부심이 손짓 하나하나에 녹아 있고, 그에 걸맞는 깐깐한 관람객들이 2시간 30분 넘게 진행되는 공연 내내 한치의 흐트러짐 없이 극에 몰입한다.

극장 자체도 유리로 마감한 세련되고 현대적인 외관에, 붉은 기둥으로 전통미를 가미하여 색다른 느낌을 준다. 공연장 내부는 총 3층(1,068석)으로 되어 있으며 각 층마다 티켓 값이 다르다. 무대와 제일 거리가 가까운 1층에는 300석의 A급 좌석이 있고, 무대와 눈높이를 나란히 한 2층에는 전용 엘리베이터, 개인 화장실, 휴게실이 딸린 VIP룸이 5개 마련되어 있다. 3층은 티켓 값이 저렴한 보통 좌석으로 제일 싼 좌석(50위안)은 이곳 맨 뒤에 위치해 있다. 배우의 표정을 섬세하게 읽을 순 없어도 공연을 감상하는 데는 전혀 무리가 없다.

공연장 내에서 사진 촬영이 금지이니, 사진은 공연이 끝난 후 배우들이 관객을 향해 인사를 할 때 찍도록 하자. 3층 복도에 전시된 정교한 경극 밀랍 인형도 촬영 포인트! 이곳의 티켓 가격은 50위안(우리 돈 1만원)부터 2080위안(우리 돈 40만원)까지 다양하며, 하루 단 한 번(저녁 7시 30분)의 공연을 한다. 공연 러퍼토리는 홈페이지에서 확인할 수 있다.

# 노사차관 老舍茶館 <sub></sub>라오셔 차관 Lǎo Shè Cháguǎn

중국의 전통 차관 문화를 체험할 수 있는 노사차관은 중국의 대표적인 현대 문학가 **라오셔**老舍 *Lǎo Shè*의 대표작 〈차관〉을 모티브로 해서 만든 곳. 중국스러움이 물씬 풍기는 차관 안으로 들어가면 다기를 악기 삼아 연주하는 연주자들의 모습이 보이고, 계단과 벽에는 이곳을 다녀간 수많은 국빈과 명사의 기념 사진이 빼곡히 붙어 있어 이곳의 유명세를 실감케 한다. 2층에는 다양한 다기과 차를 파는 기념품 매장이 있고, 상류층을 겨냥한 듯 럭셔리한 인테리어가 돋보이는 고급 티 하우스 '쓰허차위엔四合茶园 *Sìhécháyuán*'이 위치해 있다. 3층은 공연장으로 꾸며져 있는데, 테이블에 앉으면 찻잎이 가득 든 차와 해바라기 씨, 춘권, 약과 같은 다과가 함께 제공되어, 다과를 즐기며 공연을 감상할 수 있다. 차를 다 마시면 전통 복장을 한 종업원이 주둥이 길이가 50cm가 넘는 주전자를 들고 다니며 수시로 뜨거운 물을 리필해 준다.

대부분의 관광객은 이곳의 공연 문화를 경험하기 위해 찾는데, 경극, 중국 기예, 전통 악기 연주, 소림 무술, 손그림자극등 다양한 레파토리의 공연이 90분 동안 쉴 새 없이 펼쳐진다. 공연 수준을 논하기엔 다소 무리가 있지만 빠른 시간 안에 다양한 중국 전통 공연을 섭렵하기엔 충분하다. 특히 순식간에 수십 장의 가면을 감쪽같이 바꾸는 변검 공연은 아무리 보고 또 봐도 전혀 질리지가 않는다. 좌석 가격은 무대에서 제일 먼 뒷좌석이 1인당 180위안(우리 돈 3만6천 원)이고 제일 앞좌석은 380위안 (우리 돈 7만6천 원)이다. 뒷자석에 앉아도 공연을 관람하는 데는 전혀 지장이 없지만 인기 좌석이라 미리 꼭 예약을 해야만 한다.

tip 하나! 라오셔 차관 안에 정통 궁중 약선 요리가 나오는 고급 중식당 **핀쩐로우**品珍搂 *Pǐnzhēnlóu*'가 있다는 사실을 아는 관광객은 드물다. 이곳에선 12가지의 궁중 요리로 이루어진 코스를 맛볼 수 있는데, 가격은 1인당 380위안(우리 돈 7만2천 원). 제일 비싼 코스는 1인당 888위안(한화 17만원)이다.

# part 9

## in beijing

토박이만 아는
베이징의
진짜 명소~

# Beijing Story

베이징 사람들의 일상이 머무는 곳<br>후통

베이징 사람들의 일상이 머무는 곳
후통

**후통 | 베이징의 뒷골목**

언제부터인가 베이징의 관광 코스에는 자금성·만리장성·이화원 같은 굵직굵직한 관광지 외에 '후통 胡同 hútong' 투어가 새롭게 추가되었습니다. 베이징을 소개하는 TV 프로그램이나 가이드북에서는 "살아 숨쉬는 베이징의 진짜 모습을 느끼려면 후통으로 가라!"와 같은 말을 많이 하는데요, 도대체 후통이 뭐기에 사람들이 "후통~ 후통~" 하는 걸까요? 후통은 우리말로 치면 '좁은 골목', '뒷골목'을 의미합니다. 후통에 뭔가 큰 기대를 갖고 가면 실망을 하실 수도 있어요. 그곳에는 자금성의 화려함이나 만리장성의 웅장함 같은 대단한 볼거리가 하나도 없거든요. 누추하고 좁은 골목길, 잿빛 벽으로 둘러싸

인 집들, 그리고 그 안에서 생활하는 평범한 서민들, 이런 게 전부이니까요. 하지만 좀 더 자세히 들여다보면 다른 관광지에서 느낄 수 없는 독특한 매력을 발견하실 수 있지요.

그럼 어디로 가야 베이징의 명물인 후통을 제대로 볼 수 있을까요? 만약 택시를 타고 "스푸, 취 후통 바!师傅，去胡同吧! Shīfu, qù hútong ba!아저씨, 후통으로 가 주세요!"라고 말한다면 기사 아저씨가 무척 당황하며 이렇게 되물을 거예요. "아니, 베이징에 후통이 몇 개인지 아세요?" 베이징 속담에는 "이름 있는 후통만 3,600여 개이고, 이름 없는 후통은 쇠털만큼 많다."라는 말이 있습니다. 어느 기록을 보니 현재 베이징에는 1,900여 개의 후통이 남아 있다고 해요.

베이징의 뒷골목을 체험하기 위해 관광객들이 가장 많이 찾는 곳으로는 자금성과 인접한 경산 공원 동문, 시내에서 가장 아름다운 호수로 꼽히는 스차하이 부근, 과거에 북을 쳐서 시간을 알려 주었던 고루 부근, 그리고 베이징의 삼청동이라 불리는 난뤄구샹 등을 꼽을 수가 있습니다. 이 중에서도 스차하이와 고루 주변의 후통이 가장 잘 보존되어 있지요. 이곳에 가면 "따오 후통 취.到胡同去。Dào hútong qù.후통 갑니다."라는 문구가 쓰인 수십 대의 인력거가 여행객들을 기다리고 있답니다.

보통 인력거를 타고 인근 후통과 그 안에 살고 있는 서민들의 민가, 골목길 곳곳에 위치한 명소를 탐방하는 데 1시간에서 1시간 30분정도가 걸립니다. 비용은 대략 180위안우리 돈 3만 6천 원 정도 하고요. 조금 비싼 감이 있죠? 하지만 이건 어디까지나 관광객을 위한 공식 가격이라는

거! 흥정만 잘 하시면 50위안<sup>우리 돈 1만 원</sup> 정도에 타실 수 있습니다. 그러니까 몰려드는 인력거꾼의 호객 행위에 혹해 그냥 올라타지 마시고, 꼭 1인당 비용이 얼마인지, 어디어디를 들르는지 미리 꼼꼼하게 체크를 하고 타셔야 해요. 안 그러면 나중에 실랑이가 벌어질 수도 있거든요.

베이징에서 가장 낭만적인 여행지를 딱 한 곳만 추천하라고 한다면, 저는 주저없이 '스차하이 什刹海 Shíchàhǎi'를 꼽겠습니다. 북해 공원과 인접해 있는 스차하이는 '치엔하이前海 Qiánhǎi' · '호우하이 后海 Hòuhǎi' · '시하이 西海 Xīhǎi'라는 3개의 호수와 그 주위의 명승고적, 그리고 주택가로 이루어진 역사 문화 풍경구예요. '스차하이'란 이름은 옛날 호수 주위에 10개의 절이 있었다는 데서 유래한 명칭인데, 지금은 모두 없어지고 광화사 广化寺 Guǎnghuàsì<sup>광화쓰</sup>라는 절 하나만 남아 있습니다.

스차하이는 매주 또는 매달 들러도 언제나 기분 좋은 곳입니다. 낭만을 좇는 여행자의 세포를 자극하는 요소를 두루 갖춘 곳이거든요. 800년의 역사를 지닌 골목길, 그 안에 있는 황족과 귀족들의 저택, 오래된 전통 가옥을 개조해 만든 시크한 카페와 레스토랑, 아름다운 호숫가를 따라 나 있는 한적한 산책로, 달빛을 받으며 하는 낭만적인 뱃놀이……. 세상에 이 모든 흥미거리가 한데 모여 있는 곳이 또 있을까요?.

스차하이는 자전거를 개조한 인력거를 타고 돌아보는 '후통 유람'이 가장 인기가 많지만, 시간이 촉박하지 않다면 그냥 걸어서 둘러보는 게 가장 좋습니다. 스차하이 투어는 보통 '허화 스창 荷花市场 Héhuā Shìchǎng<sup>연꽃</sup>

치엔하이의 노천카페

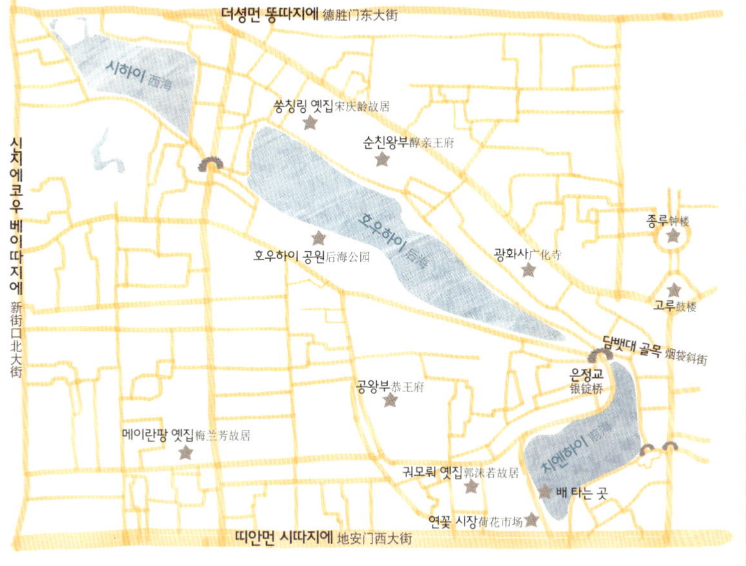

담뱃대 골목

은정교

시장'이라고 쓰인 중국풍 입간판이 서 있는 곳에서부터 시작합니다. 입구를 지나면 시원하게 펼쳐진 치엔하이 호수가 나오고, 호숫가를 따라 스타벅스를 비롯해 예쁜 노천 카페와 바 · 레스토랑 · 기념품 숍 등이 줄지어 늘어서 있습니다. 조금 더 걷다 보면 은정교 银锭桥 Yíndìngqiáo인띵챠오라고 하는 말발굽 모양의 작은 돌다리가 보이실 거예요. 이 다리 위에서 바라보는 서산의 풍경은 예로부터 베이징의 8대 절경 중 하나로 꼽히는데, 황제도 그 아름다움에 감탄을 금치 못했다는 얘기가 있습니다.

이 다리를 건너면 일명 '담뱃대 골목'이라고 불리는 '옌따이 시에지에 烟袋斜街 Yāndài xiéjiē'가 나오는데, 중국 고전 영화 속의 세트장을 옮겨 놓은 듯한 분위기를 풍기는 골목이에요. '옌따이'는 담뱃대란 뜻으로, 청나라 말에 담배를 피우는 만주족 귀족이 늘어나면서 이 골목 안에는 담뱃대를 파는 상점이 많이 생겼었다고 해요. 지금은 담뱃대를 파는 상점은 한두 곳밖에 없고 대부분 모던한 카페나 전통 찻집, 중국 전통 의상인 치파오를 파는 가게, 수제 초콜릿을 파는 기념품 가게 등이 들어선 부티크 거리로 탈바꿈했습니다.

이 골목을 빠져나와 북쪽으로 조금만 올라가면, 원·명·청대에 걸쳐 700년간 매일 아침저녁으로 베이징 사람들에게 종과 북을 쳐서 시간을 알려 주었던 종루钟楼 Zhōnglóu종로우와 고루鼓楼 Gǔlóu구로우가 나타납니다. 고루의 누각 꼭대기에 오르면 미로처럼 얽히고설킨 후퉁의 전경을 한눈에 내려다볼수 있지요. 참! 고루 2층에는 25개의 북이 전시되어 있는데, 지금도 하루에 두 차례 관광객들을 위해 북을 울리는 공연을 한답니다.

베이징의 한가운데에 위치한 자금성은 중국을 상징하는 대표적인 건축물이자 100만 점 이상의 보물을 소장한 중국 최대의 역사 박물관입니다. 중국에서는 자금성을 고궁 박물원故宫博物院 Gùgōng Bówùyuàn꾸꿍 보우위엔. 줄여서 고궁故宫 Gùgōng꾸꿍이라고 부르며, 1987년에 유네스코에 의해 세계 문화 유산으로 등재되었습니다. 자금성은 1420년에 완공된 후 명·청 시대 491년간 24명의 황제가 영화와 몰락의 시간을

자금성 안에 한국 음식을 파는 코리안 레스토랑이 있다는 사실을 아시나요? 건청문乾清门 Qiánqīngmén치엔칭먼 좌우에는 고궁 레스토랑故宫餐厅 Gùgōng Cāntīng꾸궁 찬팅이라는 작은 식당 겸 스낵바가 있는데, 여기가 한국의 CJ에서 운영하는 곳이에요. 한쪽은 커피·음료·스낵 등을 파는 곳이고, 또 한쪽은 면·딤섬·덮밥류를 팝니다. 이곳은 원래 스타벅스가 있던 자리였는데, 스타벅스라는 간판 대신 '고궁'이란 이름으로 영업을 하라는 당국의 지시에 과감히 반기를 들고 나가 버렸죠. 그리곤 그 자리에 CJ가 쏙 들어갔답니다. 물론 CJ란 간판 대신 '고궁 레스토랑'이란 간판을 단 채 말이에요.

보냈던 곳입니다. 지금도 자금성 곳곳에선 보수 공사가 한창 진행 중인데, 황궁 축조 600년이 되는 2020년에는 완벽하게 복원된 자금성의 모습을 볼 수 있다고 하네요.

영화 〈마지막 황제〉는 실제로 자금성에서 촬영을 했는데요, 이 영화의 실제 주인공이자 황궁의 마지막 주인이었던 푸이는 3살에 절대 권력을 가진 황제에 등극하지만 젊은 나이에 궁에서 쫓겨나 베이징 식물원의 정원사로 초라하게 생을 마감해야 했던 비운의 황제였죠. 문화 대혁명 기간에는 마오쩌둥이 부패한 봉건주의의 상징이라며 자금성을 허물어 버리려고 했지만, 저우언라이 총리의 만류로 위기를 넘기기도 했답니다. 하마터면 해마다 800만 명 이상의 관광객이 다녀가는 세계적인 문화 유적지가 한순간에 소멸될 뻔했죠.

자금성의 규모는 어마어마한데요, 총 면적이 72만 제곱미터로 상암 월드컵경기장의 3.5배에 달하고, 980채의 궁전과 8700칸의 방이 있습니다. 정말 입이 딱 벌어지죠? 많은 여행 가이드들은 이곳에 총 9999.5칸의 방이 있어 황제가 매일 방을 바꿔서 자도 27년이 걸리고, 두 번씩 자면 54세로 죽을 때가 다 된다는 멘트를 하기도 해요. 하지만 방이 9999.5칸 있다는 얘긴 전설일 뿐입니다.

이곳은 적의 침입을 막는 최고의 방어 요새이기도 합니다. 황궁은 높이 10미터, 총 길이 3킬로미터의 장벽으로 둘러싸여 있고, 장벽 밖에는 폭이 52미터나 되는 해자를 파 놓았죠. 또 적이 땅굴을 파고 침입하는 것을 막기 위해 황궁의 안쪽은 7미터 깊이로 바닥을 파서 벽돌을 잔뜩 깔아 놓는 공사를 제일 먼저 했다고 합니다. 그리고 황궁 곳곳에는 구리로 만든 커다란 항아리가 있는데, 요건 화재를 대비해 물을 담아 두는 통으로, 겨울에는 물이 얼지 않도록 불을 땔 수도 있게 만들었죠.

자금성을 제대로 둘러보려면 시간이 참 많이 걸립니다. 일반적으로 천안문 天安门 Tiān'ānmén 톈안먼을 지나서 매표소가 있는 자금성의 정문인 오문 午门 Wǔmén 우먼에서부터 자금성 관광이 시작되는데, 궁 안의 여러 문을 통과해 후문인 신무문 神武门 Shénwǔmén 선우먼까지 대충 보며 걸어 나와도 1시간이 조금 넘게 걸리죠. 넓기도 넓지만 볼 것 또한 많아서 정신없이 사진 찍고 가이드 책 들여다보면서 걷다 보면 금세 체력이 바닥난답니다. 특히 여름에 자금성을 방문하시면 선글라스·선크림·양산·얼음물 등을 꼭 챙기세요. 안에는 그늘이나 쉴 곳이 별로 없거든요. 수많은 궁전과 보물에 대한 자세한 설명을 원하시면 한국어로 안내가 나오는 오디오 가이드 북语言导游 yǔyán dǎoyóu 위엔 다오요우을 대여하세요. 입장권을 파는 곳에서 빌릴 수 있는데, 발음이 약간 북한 말투 같지만 그런대로 들을 만하답니다.

참! 자금성 안에는 황실 화원인 어화원 御花园 Yùhuāyuán 위화위엔을 제외하곤 나무가 한 그루도 없는데, 그 이유를 아시나요? 여러 가지 설이 있는데, 그 중 하나는 황제를 암살하려고 궁에 침입한 자객이 숨을 장소를 없애기 위해서고요, 또 넓은 공간에 웅장한 건축물만 우뚝 솟게 해서 황제의 절대 권력을 과시하기 위해서라는 설도 있죠. 사실 나무를 심으려고 해도 바닥 깊이 벽돌을 깔아 놓았기 때문에 나무를 심을 수도 없었을 거예요.

오디오 가이드를 빌리고 싶어요.
워 야오 쭈 위엔 다오요우.
我要租语言导游。
Wǒ yào zū yǔyán dǎoyóu.

만리장성을 중국에서는 간단히 '창청 长城 Chángchéng'이라고 부릅니다. '인류 최대의 토목 공사', '달에서도 보이는 유일한 인공 건축물', '세계 7대 불가사의' 등 온갖 화려한 수식어가 따라다니는 만리장성은 언제 만들어졌을까요? 춘추전국시대부터 북방의 유목 민족의 침입을 막기 위해 쌓아올리기 시작한 성벽은 진시황에 의해 하나로 연결이 되었고, 그 후 여러 왕조를 거치며 계속해서 증축되었습니다.

현재 우리가 보는 만리장성은 명나라 때 대대적인 보수 공사를 거쳐 완성된 것으로, 동쪽 끝으로는 산해관 山海关 Shānhǎiguān산하이관에서 서쪽 끝으로는 실크로드의 관문이자 고비 사막 한가운데 있는 가욕관 嘉峪关 Jiāyùguān지아위관까지 이어지며, 그 길이가 무려 6,000여 킬로미터에 달한답니다. 정말 엄청나게 길죠?

그런데 정말 우주에서 육안으로 만리장성을 볼 수 있을까요? 중국 최초의 우주인 양리웨이는 2003년 10월 우주 비행을 마치고 지구로 귀환했을 때, 많은 기자들로부터 우주 비행 중에 만리장성을 봤냐는 질문을 받았는데, 그는 "지구의 경치는 아름다웠지만 만리장성은 볼 수 없었다."라고 말해 13억 중국인들의 기대(?)를 단번에 저버리기도 했습니다. 그 후 중국 과학원은 우주에서 육안으로 만리장성을 볼 수 없다는 최종 결론을 내렸고, 중국 초등학교의 국어 교과서에 실린 관련 내용을 급히 수정하는 해프닝이 있었죠.

베이징 인근에는 만리장성 여행 코스가 여러 군데 있는데요, '빠다링 八达岭 Bādálǐng' 장성, '무티엔위 慕田峪 Mùtiányù' 장성, '진산링 金山岭 Jīnshānlǐng' 장성, '쓰마타이 司马台 Sīmǎtái' 장성이 대표적인 곳입니다. 빠다링 장성은 베이징 시내에서 차로 1시간 거리에 있어서 여행객들이 가장 많이 찾는 곳입니다. 장성을 오르는 길이 잘 정비되어 있고 경치도 충분히 아름답지만 너무 관광지화되어 뭔가 아쉬운 느낌을 주기도 합니다. 이곳엔 심지어 스타벅스도 있을 정도니까요. 빠다링 장성은 버스를 타고 가도 되지만 베이징 북역을 출발해 빠다링 역까지 가는

빠다링 역



쾌속 열차를 한번 타 보세요. 관광객을 위해 설계된 열차에 앉아 여유롭게 차창 밖으로 펼쳐지는 장성의 파노라마를 구경하면서 말이에요.

때묻지 않은 만리장성 본연의 모습을 느끼시려면 쓰마타이 장성과 진산링 장성을 잇는 코스를 추천합니다. 쓰마타이와 진산링 장성은 단체 여행객은 거의 없고, 호기심 많은 서양의 배낭여행자가 즐겨 찾는 코스예요. 성벽은 보수가 안 되어서 살짝만 밟아도 부서져 내릴 것 같고 경사가 급해서 오르기도 힘들지만, 명나라 때 건축된 장성의 원형을 그대로 보존하고 있어 만리장성 중에 가장 아름다운 곳으로 꼽히기도 합니다. 특히 장성 곳곳에 있는 높은 망루적의 동태를 살피기 위해 만든 관측소에 올라 내려다보는 장성의 경관은 그야말로 절경 중의 절경이랍니다.

A 你要胡同游吗[1]？　　후통 투어 하실래요?
니 야오 후통요우 마?
Nǐ yào hútongyóu ma?

B 怎么收费[2]？　　얼만데요?
전머 쇼우페이?
Zěnme shōufèi?

A 一个人80块[3]。　　한 사람에 80위안요.
이 거 런 빠스 콰이.
Yí ge rén bāshí kuài.

B 太贵了[4]。便宜点儿吧[5]！　　너무 비싸요. 좀 깎아 주세요!
타이 꾸이 러. 피엔이 디얼 바!
Tài guì le. Piányi diǎnr ba!

A 一个人50块，怎么样[6]？　　한 사람에 50위안 어때요?
이 거 런 우스 콰이, 전머양?
Yí ge rén wǔshí kuài, zěnmeyàng?

B 行。胡同游要多长时间[7]？　　좋아요. 후통 투어 하는 데 얼마나 걸려요?
싱. 후통요우 야오 뚜어창 스지엔?
Xíng. Hútongyóu yào duōcháng shíjiān?

A 大概一个小时左右[8]。　　대략 1시간 정도 걸려요.
따까이 이 거 샤오스 주어요우.
Dàgài yí ge xiǎoshí zuǒyòu.

B 好，咱们出发吧[9]！　　좋아요, 우리 출발하죠.
하오, 잔먼 추파 바!
Hǎo, zánmen chūfā ba!

**1**

후통요우 胡同游hútongyóu 는 후통 투어의 뜻인데, 후통 胡同은 골목, 요우 游은 유람을 뜻해요. '야오…마? 要…吗?yào…ma?'는 '~하실래요?'의 뜻으로 상대방에 무언가를 권하거나 요구할 때 쓰는 형식입니다.

**2**

전머 怎么zěnme 는 어떻게, 쇼우페이 收费shōufèi 는 요금을 받다로, 합치면 "요금이 어떻게 되나요?"의 뜻이에요. 물론 여기서 "얼마예요?'란 뜻의 "뚜어샤오 치엔? 多少钱?Duōshao qián?"이란 표현을 써도 되지만 너무 외국인 티가 날 수도 있어요. 중국에서 입장료나 공연료, 교통비가 얼마인지를 물을 때는 "전머 쇼우페이?"란 말을 쓰는 게 더 좋아요.

**3**

이 거 런 一个人yí ge rén은 한 사람이고, 빠스 콰이 80块 bāshí kuài 는 80위안이에요. 80콰이와 80위엔은 같은 말이지만 실생활에서는 위엔元 보다 콰이块가 많이 쓰여요.

**4**

타이 太tài 는 매우, 꾸이 贵guì 는 비싸다의 뜻인데, '너무 ~하다'란 표현을 할 땐 '太…了'의 형식을 쓴답니다.

**5**

피엔이 便宜piányi 는 가격을 깎다, 디얼 点儿diǎnr 은 조금, 바吧는 ~합시다, ~해 줘요 같은 어감을 나타냅니다.

**6**

전머양 怎么样zěnmeyàng 은 어때요?의 뜻으로 상대방에게 제안이나 의견을 물을 때 쓰는 표현이에요.

**7**

싱 行xíng 은 오케이란 뜻이에요. 야오 要yào 는 걸리다, 뚜어창 多长 duōcháng 은 얼마나, 스지엔 时间 shíjiān 은 시간을 뜻해요.

**8**

따까이 大概dàgài 는 대략, 대충, 샤오스 小时xiǎoshí 는 시간, 여기서 주어요우 左右zuǒyòu 는 '좌우'의 뜻이 아니라, 가량, 안팎의 뜻이에요.

**9**

잔먼咱们zánmen 은 우리, 추파出发chūfā 는 출발하다의 뜻이에요.

| | |
|---|---|
| 후통 투어 하고 싶어요. | 워 야오 후통요우.<br>我要胡同游。<br>Wǒ yào hútongyóu. |
| 기사 아저씨, 스차하이에 가 주세요. | 스푸, 취 스차하이.<br>师傅，去什刹海。<br>Shīfu, qù Shíchàhǎi. |
| 인력거 타는 데 얼마예요? | 쭈어 싼룬처 뚜어샤오 치엔?<br>坐三轮车多少钱?<br>Zuò sānlúnchē duōshao qián? |
| 깎아 주실 수 있어요? | 넝 피엔이 디얼 마?<br>能便宜点儿吗?<br>Néng piányi diǎnr ma? |
| 전통 가옥을 구경하고 싶어요. | 워 샹 찬관 쓰허위엔.<br>我想参观四合院。<br>Wǒ xiǎng cānguān sìhéyuàn. |
| 자금성 입장료가 얼마예요? | 꾸궁 먼퍄오 뚜어샤오 치엔?<br>故宫门票多少钱?<br>Gùgōng ménpiào duōshao qián? |
| 학생 할인이 되나요? | 쉬에셩 커이 다저 마?<br>学生可以打折吗?<br>Xuésheng kěyǐ dǎzhé ma? |
| 오디오 가이드를 빌리고 싶어요. | 워 야오 쭈 위엔 다오요우.<br>我要租语言导游。<br>Wǒ yào zū yǔyán dǎoyóu. |
| 이 버스 빠다링 장성 가나요? | 쩌 따바 취 빠다링 창청 마?<br>这大巴去八达岭长城吗?<br>Zhè dàbā qù Bādálǐng Chángchéng ma? |
| 케이블카를 타고 싶어요. | 워 야오 쭈어 란처.<br>我要坐缆车。<br>Wǒ yào zuò lǎnchē. |

# 중국 인구가 많은 건 섹시한 치파오 때문이다?

전 세계의 전통 의상 중 중국의 '치파오 旗袍 qípáo'만큼 섹시한 의상이 과연 있을까요? 목이 길어 보이는 옷깃, 곡선미를 강조하는 허리 라인, 특히 허벅지까지 깊게 파인 옆트임은 보는 사람에게 아찔한(?) 느낌을 줍니다. 장만옥이 주연한 영화 〈화양연화〉를 보면 참 아름답고 여성스러운 디자인의 치파오가 많이 등장하죠.

치파오는 원래 청나라 때 만주족 여성들이 입던 원피스로, 처음에는 펑퍼짐한 형태였는데 점점 서양적인 디자인이 가미되어서 지금 같은 모양으로 변했죠. 근데 치파오에는 왜 옆트임이 있을까요? 이에 대한 의견은 분분한데요. 기마 민족인 만주족 여성들이 치파오를 입고 자주 말을 타면서 옷을 찢기 시작했다는 설도 있고, 몸에 달라붙는 옷이라서 활동하기에 불편해 옆을 찢었다는 주장도 있어요. 또 남자들에게 눈요깃거리를 제공하기 위해서라는 설도 있고요.

미국의 닉슨 대통령이 정상회담을 하러 베이징을 방문했을 때 그의 부인이 치파오를 입은 중국 여성을 보고 이렇게 말했다고 하죠? "중국의 인구가 왜 이렇게 많은지 이제야 알 것 같네요." 정말로 그런 말을 했는지는 모르겠지만 "섹시한 치파오와 인구 증가" 둘 사이에는 어느 정도 상관관계가 있지 않을까요? ^^

**사합원** 四合院 sìhéyuàn쓰허위엔은 마당을 중심으로 동서남북 사면에 건물이 배치된 형태의 전통 가옥입니다. 베이징의 옛 정취를 느낄 수 있는 '후통 胡同 hútong골목' 안의 모든 건물은 이 사합원 양식을 따르고 있죠.

후통과 사합원은 올림픽 전후에 도시 미관을 해친다는 이유로 대대적인 철거를 당하는 위기를 겪기도 했습니다. 하지만 베이징의 문화 유산인 사합원을 보전하자는 움직임이 일고, 또 사합원에 대한 매매 거래를 중국인뿐만 아니라 외국인에게까지 허가하면서 그 몸값이 하늘 높은 줄 모르고 치솟고 있죠. 허름하기 짝이 없는 낡은 사합원 한 채가 서울 강남에 있는 빌딩이나 타워팰리스보다 훨씬 비싸다고 하면 믿으시겠어요? 보통 100~150평 규모의 사합원 한 채의 가격이 3천만~5천만 위안, 우리 돈으로 환산하면 60~100억이나 된다고 해요. 풍경이 수려해 예로부터 황족과 고관대작, 유명 인사들이 살았던 호숫가 '호우하이 后海 Hòuhǎi' 주위의 사합원은 매물이 적어 부르는 게 값이라고 하고요. 최근에는 러시아의 한 부호가 호우하이 인근의 900평짜리 사합원을 무려 1억 1천만위안우리 돈 220억 원에 사들여 화제가 되기도 했습니다. 또 홍콩 재벌 남친을 둔 중국의 다이빙 여왕 궈징징도 결혼 예물로 100억 원이 넘는 사합원을 선물받았다고 해요.

중국에선 "나 사합원 한 채 갖고 있어."라고 하면 엄청 갑부라는 게! 어쨌든 지금 중국의 부자들 사이에선 전통 가옥 재테크(?) 열풍이 강하게 불고 있답니다.

# 중국 결혼식장엔 주례 선생님이 없다?

중국인들의 결혼식에 참석해 보면 우리와는 다른 독특한 예식 문화를 볼 수 있습니다. 중국 사람들은 결혼식을 우리처럼 전문 웨딩홀에서 하지 않고, 그냥 호텔 안의 연회장이나 대형 음식점을 빌려서 진행합니다. 사회자가 결혼식의 전반적인 진행을 담당하는데, 특이한 건 우리와 달리 주례와 주례사가 따로 없다는 점이에요. 하지만 '쩡훈런 证婚人 zhènghūnrén'이라고 하는 결혼 증인이 나와 하객들 앞에서 결혼 증서를 낭독하며 두 사람이 부부가 되었음을 선포하죠.

하객들은 둥근 테이블에 앉아 음식을 먹으며 예식을 지켜보는데, 아무래도 날이 날이니만큼 샥스핀 · 제비집 · 전복 · 자라탕 등 최고의 요리들로 풍성하게 차려집니다. 또 모든 테이블 위에는 담배와 사탕이 올려져 있는데요, 예식이 끝나면 신랑과 신부가 연회장을 돌며 남자 하객들에게는 담뱃불을 붙여 주고, 여자 하객들에겐 '시탕 喜糖 xǐtáng 기쁨의 사탕'이라는 사탕을 까서 입에 넣어 줍니다. 그래서 중국에선 "너 언제 사탕 먹여 줄 거야?"란 말이 우리의 "너 언제 국수 먹여 줄래?"와 같은 뜻으로 쓰인답니다.

참! 중국에선 축의금을 흰색 봉투에 넣으면 안 되고, 반드시 붉은색 봉투 红包 hóngbāo 홍빠오에 넣어야 해요. 흰색 봉투는 장례식에서만 쓰이거든요. 그리고 축의금은 200위안, 600위안, 800위안 이렇게 짝수로 넣어야 한다는 사실도 같이 알아 두세요.

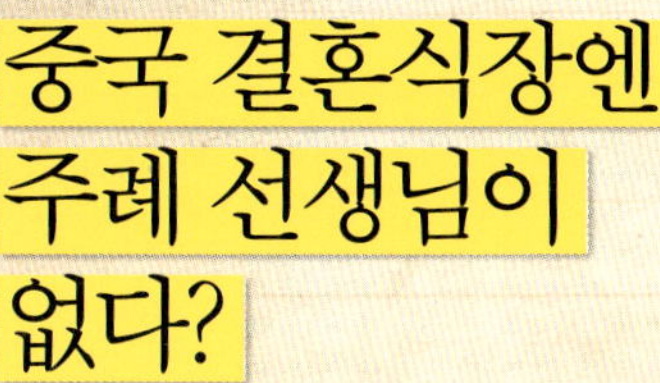

중국에 가 보신 분들은 중국인들이 얼마나 붉은색을 좋아하는 지 느끼셨을 겁니다. 천안문 광장에서 펄럭이는 오성홍기의 바탕색도 붉은색, 식당 입구에서 손님을 맞이하는 여자 종업원의 치파오도 붉은색, 구이지에 같은 먹자골목에 걸려 있는 수백 개의 등도 붉은색, 대학 입학식장에 걸려 있는 "입학을 환영합니다!"란 플래카드도 붉은색, 제 의사면허증도 붉은색이라는…….^^ 정말 어딜 가든 온통 붉은색 천지이죠.

중국 사람들은 붉은색이 액운을 막아 주고 행운과 복을 가져다 준다고 믿습니다. 그래서 생일 · 결혼 · 환갑 같은 경사스러운 날과 설날 같은 명절에는 실내를 온통 붉은색으로 꾸민답니다. 13억 중국인이 100년을 기다려 왔다던 베이징 올림픽의 공식 로고에도 빨간색 바탕에 베이징의 '京'자를 도안해 넣었죠? 올림픽 주경기장의 하단부 좌석도, 세계 각국의 손님들을 환영한다는 의미로 모두 붉은색으로 만들었고요. 한때 펩시콜라는 중국인의 마음을 사로잡기 위해 회사의 상징이었던 파란색 캔을 붉은색으로 바꿔 코카콜라와 '붉은 마케팅 전쟁'을 벌이기도 했죠.

참! 중국어에서는 '붉을 홍 红 hóng 훙'이 '인기가 있다', 또는 '잘 나간다'라는 뜻으로도 쓰입니다. 그래서 "저 여가수 요즘 인기 죽음이야."란 말을 "저 여가수 요즘 완전 붉어."라고 표현한답니다. 제 중국인 친구들은 가끔 제게 "요즘 한국에서 제일 뜨는 연예인이 누구야?"라고 묻는데, 전 그때마다 "빅뱅이 제일 붉어.^^"라고 말한답니다.

중국에도 우리나라처럼 각종 day가 참 많습니다. 제가 중국에 처음 갔을 때만 해도 발렌타인데이 때 중국인 친구들에게 초콜릿을 선물하면 "웬 뜬금없는 초콜릿?" 하며 미지근한(?) 반응을 보였었는데, 요즘은 분위기가 많이 달라졌어요. 중국에선 발렌타인데이를 '연인들의 날'이란 뜻의 '칭런지에 情人节 qíngrénjié'라고 부르는데, 발렌타인데이 일주일 전부터 마트나 상점의 가판대에는 예쁘게 포장된 초콜릿이 가득 넘친답니다. 그리고 레스토랑에서는 연인들을 위해 장미와 포도주가 포함된 커플 세트 메뉴를 속속 출시하고, 백화점에선 '칭런좡 情人装 qíngrénzhuāng'이란 커플티가 불티나게 팔리기도 하죠. 단지 한국과 차이가 있다면, 우리는 주로 여자가 남자한테 초콜릿을 선물하지만 중국은 남녀가 똑같이 선물을 주고받는다는 점이에요. 중국에도 화이트데이가 있기는 하지만 아직까지 발렌타인데이만큼 인기 있는 기념일은 아닙니다.

우리나라에선 11월 11일은 빼빼로데이라고 해서 연인끼리 빼빼로를 주고받죠? 중국에서 이날은 '솔로들의 날'이에요. 이날을 '꽝꾼지에 光棍节 guānggùnjié'라고 하는데, 애인이 없는 사람들끼리 젓가락이나 길다란 꽈배기빵 油条 yóutiáo요우티아오'를 선물하기도 해요.

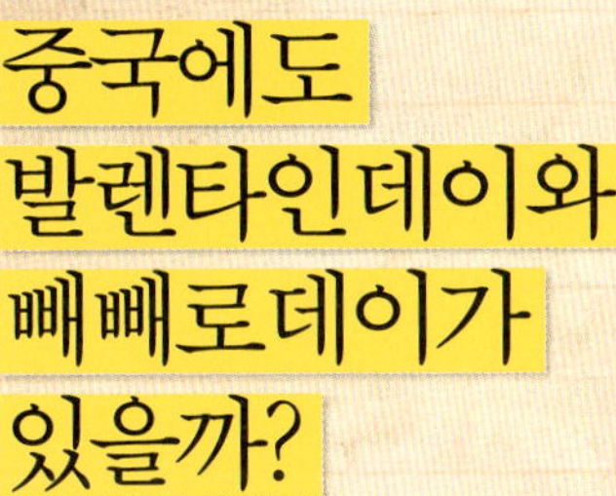

# part 10

죽죽야행

## from beijing

베이징을 넘어
중국 방방곡곡
으로~

# Beijing Story

중국에서 가장 빠른 열차 허시에하오



중국에서 진정한 여행의 재미를 만끽하시려면 꼭 기차를 타 보세요. 그것도 목적지까지 최소한 하루 또는 그 이상이 걸리는 장거리 기차를 말이에요. "아니, 몇십 시간씩 지루해서 어떻게 기차를 타나요?" 하고 생각하실 수도 있지만, 열차 안에서 하룻밤을 보내는 기차 여행이야말로 진짜 중국인들의 생활상을 생생하게 느낄 수 있는 좋은 기회거든요.

중국에는 열차의 속도에 따라 다양한 종류의 기차가 있습니다. 그 중에서 번호 앞에 이니셜 T가 붙는 특급 열차特快列车 tèkuài lièchē터콰이 리에처와 K가 붙는 쾌속 열차快速列车 kuàisù lièchē콰이쑤 리에처는 여행자가 가장 많

베이징 역

이 이용하는 기차입니다. 베이징에서 티베트의 수도 라싸까지 가는 특급 열차가 바로 T27이거든요. 또 베이징-상하이 같은 주요 대도시 구간을 논스톱으로 운행하는 **직행 특급 열차** 直达特快列车 zhídá tèkuài lièchē즈다 터콰이 리에처는 앞에 Z가 붙는데, 시설과 서비스가 좋아 중국의 비즈니스맨들이 즐겨 이용한답니다. 참! 중국에도 우리나라의 KTX와 같은 고속 열차가 있다는 사실을 아시나요? '**허시에하오** 和谐号 héxiéhào'라고도 불리는 이 고속 열차는 시속 300km의 속도로 달리는, 중국에서 제일 빠른 열차입니다. 이 기차를 타면 베이징에서 텐진까지 30분 만에 갈 수가 있답니다.

베이징 남역 대합실

그럼 이번엔 기차 내부 모습을 한번 들여다볼까요? 중국에는 장거리 기차가 많다 보니 대부분의 열차에 침대칸이 있습니다. 침대칸은 요금에 따라 **부드러운 침대** 软卧 ruǎnwò루안워와 **딱딱한 침대** 硬卧 yìngwò잉워 이렇게 두 가지로 나뉘는데요, 부드러운 침대칸은 독립된 방에 푹신푹신한 침대가 4개씩 설치되어 있고 방마다 문이 있어 안전하면서도 아늑하게 여행을 할 수가 있습니다. 또 침대에는 개별 전등이 설치되어 있어 밤늦게까지 책을 읽을 수도 있고요. 딱딱한 침대칸은 밤 10시가 되면 객실 전체가 소등이 되거든요. 일행이 딱 4명이라면 요 부드러운 침대칸이 제격이지만, 표값이 많이 비싸답니다. 할인된 중국 국내선 항공 요금과 거의 비슷하거든요.

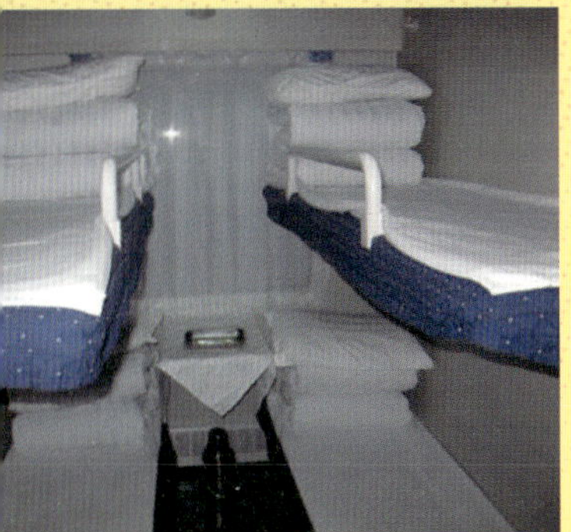
부드러운 침대칸 풍경

중국 기차 여행의 백미는 바로 딱딱한 침대칸에 있답니다. 개방된 공간에 좌우로 상·중·하 이렇게 6개의 침대가 서로 마주보고 있는 형

딱딱한 침대칸

태인데요, 말처럼 침대가 그렇게 딱딱하지도 않고 요금도 적당해 중국 사람들이 가장 선호하는 좌석입니다. 이 침대칸의 풍경은 그야말로 천태만상입니다. 보란 듯이(?) 내복 차림으로 복도를 돌아다니는 배 나온 아저씨, 머리에 새집을 진 채 카드놀이를 하는 학생들, 승무원의 제지



에도 전혀 아랑곳하지 않고 담배를 피우는 할아버지, 꽈즈瓜子 guāzǐ해바라기 씨를 까먹으며 쉴 새 없이 수다를 떠는 아가씨들, 그리고 바닥에 수북이 쌓인 꽈즈 껍질을 쓸어 담느라 분주한 승무원까지 각양각색의 중국인을 볼 수가 있습니다.

참! 키가 크신 분은 제일 위의 침대칸은 피하도록 하세요! 일어날 때 머리가 천정에 부딪칠 수도 있거든요. 또 잠버릇이 심하신 분들은 이불 추락 사고(?)를 조심하셔야 하고요. 저도 잠버릇이 심한 편이라 항상 이불을 밑으로 떨어뜨리곤 했답니다.

**중국의 대표 여행 코스**

저는 베이징에서 대학을 다닐 때 시험이 끝나고 방학이 시작되면, 한국에 돌아가지 않고 항상 중국의 이곳저곳을 돌아다녔습니다. 중국은 땅덩이가 크고 지역에 따라 볼거리가 많아 여행자의 천국이라고 해도 과언이 아니거든요. 짧게는 일주일, 길게는 한 달씩 여행하고 돌아오면 몸은 살짝 피곤하지만, 활기차게 새 학기를 시작할 수 있는 에너지가 샘솟았답니다.

제가 중국에 와서 처음 장거리 여행을 떠난 곳은 몽골과 인접



앉아서 가는 좌석으로는 딱딱한 좌석硬座 yìngzuò잉쭈어과 부드러운 좌석软座 ruǎnzuò루안쭈어이 있어요. 가까운 거리를 갈 때는 앉아서 가도 괜찮지만 하루 이상 가야한다면 꼭 침대칸을 타세요. 한 번은 기차를 놓쳐서, 또 한 번은 침대칸 표를 못 구해서 40시간 넘게 꼿꼿이(?) 앉아서 간 적이 있었는데, 정말 생각하기도 싫을 정도로 끔찍한 경험이었답니다. 기차가 출발한 지 만 하루가 지났을 때부터는 차라리 신문지를 깔고 복도에 그냥 드러눕고 싶은 마음이 간절했었고, 또 나릴 때는 등이 안 펴져서 무척 고생을 했었죠. 돈을 아끼는 것도 좋지만 제대로 여행을 하기도 전에 지칠 수가 있으니 장거리 여행 시에는 꼭 침대칸을 끊도록 하세요.

네이멍구

상하이 신티엔띠

상하이 야경

한 '네이멍구內蒙古 Nèi Měnggǔ내몽고' 자치구였습니다. 베이징에서 기차를 타고 10시간, 다시 차를 타고 5시간 거리에 있는 네이멍구 초원 지대는 유학생이라면 누구나 한 번쯤은 가 보는 인기 여행지이기도 하죠. 난생처음 보는 끝없이 펼쳐진 초원과 푸른 하늘, 몽골 전통 가옥인 게르Ger에서 맞이하는 일출은 넋을 잃을 정도로 황홀했답니다. 네이멍구는 개인적으로 가는 것보다 현지 여행사 투어에 참가하시는 게 좋아요. 보통 4박5일 정도면 다녀올 수 있는데, 비용은 옵션에 따라 다르지만 대략 800~1,000위안우리 돈 16만원-20만 원 정도면 충분하답니다.

그 다음으로 갔던 곳은 상하이를 거쳐 항저우·쑤저우·황산으로 이어지는 여행이었습니다. '상하이上海 Shànghǎi' 사람들은 중국에서 가장 세련되고 개방적인 도시에 살고 있다는 자부심이 대단해요. "난 너희완 달라!" 이런 생각이 강해 중국인이 아닌 '상하이니즈'라고 불리길 원한답니다. 마치 미국의 뉴요커나 프랑스의 파리지앵처럼 말이에요. 상하이의 '청담동'이라 할 수 있는 '신티엔띠新天地 Xīntiāndì'에는 모던한 카페와 레스토랑이 많은데, 이곳에 가시면 콧대 높은 상하이니즈를 만나실 수 있답니다. 또 상하이 하면 홍콩 빰치는 야경을 빼놓을 수 없겠죠? 도심 한가운데를 흐르는 황푸 강에서 유람선을 타 보세요. 한쪽에는 19세기에 지어진 다양한 양식의 석조 건물들이 즐비한 '와이탄外灘 Wàitān'이 보이고, 그 반대편의 '푸동浦

东 Pǔdōng' 지구에는 상하이의 랜드마크인 동방명주 TV 타워 东方明珠电视塔 Dōngfāngmíngzhū Diànshìtǎ뚱팡밍주 띠엔스타, 88층의 금무 빌딩 金贸大厦 Jīnmào Dàshà진마오 따샤이 만들어내는 환상적인 스카이라인을 감상할 수 있어요. 특히 세계에서 3번째로 높다는 101층의 상하이 글로벌 금융센터 上海环球金融中心 Shànghǎi Huánqiú Jīnróng Zhōngxīn상하이 환치우 진롱 쫑신에 가시면 100층에 위치한 '스카이 워크' 전망대에서 상하이의 전경을 한눈에 내려다볼 수가 있습니다. 여행 경비가 충분하다면 90층 높이에 위치한 부티크 호텔 '파크 하얏트'에서 하룻밤 묵는 것도 좋겠지요.

'항저우 杭州 Hángzhōu'와 '쑤저우 苏州 Sūzhōu'는 중국의 다른 도시들과는 달리 무척 고요하면서도 평화로운 느낌을 주는 도시입니다. 특히 항저

물의 도시 시탕

구름에 싸인 황산

백두산 천지

우는 매년 중국에서 가장 행복한 도시 1위에 뽑히는 곳으로, 그래서인지 제가 아는 중국인 중에는 "나중에 은퇴하면 항주에 내려가 살 거야."라고 말하는 사람들이 많답니다. 쑤저우는 예쁜 정원과 운하가 많아 '동양의 베니스'라고 불리는 곳이고요. 상하이 주위에는 쑤저우와 비슷한 작은 마을이 많이 있는데, 특히 '시탕西塘 Xītáng'이란 수상 마을은 영화 〈미션 임파서블 3〉을 찍은 장소로, 한 번쯤 가 볼 만한 곳이에요.

'황산黃山 Huángshān'은 중국의 10대 관광지 중 하나이자 세계 자연 유산으로도 등재된 명소입니다. 영화 〈와호장룡〉의 촬영지인 비취 계곡과 하늘 높이 솟아 있는 기암괴석, 구름바다는 보는 사람을 감탄하게 하지요. 하지만 제 눈에는 우리나라의 설악산이 훨씬 더 아기자기하고 예쁘다는 느낌을 받았답니다. (^^)

우리 민족의 영산인 백두산도 한국인이라면 꼭 가 보고 싶은 곳이죠. 중국에서는 백두산을 '창바이산長白山Chángbáishān'이라고 부릅니다. 백두산 천지의 절반은 북한, 나머지 절반은 중국 영토에 속해 있어요. 그래서 천지에 올라 태극기를 들고 기념 사진을 찍으려고 하면 중국 측 국경 수비대에게 제지를 당하기도 합니다. 참! 백두산에 가시면 가짜 산삼을 조심하세요. 이곳의 인삼은 중국에서도 명품에 속하지만, 인삼의 머리와 잔뿌리를 예술적인 솜씨로 붙여 만든 가짜가 많답니다. 제가 백두산에 갔을 때, 어떤 인삼 가게 주인이 제게 수염이 덥수룩한 산삼 한 뿌리를 보여 주며 아들(?) 생각난다고 우리 돈 50만 원에 주겠다고 하더군요. 안 사겠다고 했더니, 나중엔 사정을 하며 2만 원(?)만 달라고 하더라고요.^^

한 폭의 산수화를 보는 듯한 '구이린桂林 Guìlín'도 대표적인 여행지입니다. 계림에 가서는 유람선을 타고 '리장漓江 Lìjiāng'을 따라 '양수오阳

구이린의 리장

朔 Yángshuò'까지 가는 크루즈 여행을 꼭 해 보세요. 양수오는 구이린에서도 제일 경치가 수려한 곳으로, 이곳의 절경에 매료되어 아예 양수오에 눌러앉은 외국인 여행자가 있을 정도니까요.



어느 정도 중국 여행에 자신이 붙으셨다면 이제 제가 소개해 드리는 여행지로 한번 발걸음을 옮겨 보세요. 가는 길은 비록 멀고 험난해도 분명 실망하지 않을 거예요.

쓰촨성은 우리에게 입이 얼얼할 정도로 매운 쓰촨 요리와 중국을 상징하는 동물인 판다의 서식지로 많이 알려져 있죠. 또 이곳은 세계에서 제일 큰 좌불인 '러산 乐山 Lèshān'의 대불, 불교 성지

거대한 러산 대불

황룡

지우자이꼬우

진시황 병마용

이자 야생 원숭이가 많은 어메이산峨眉山 Éméishān, 중국 최고의 자연 풍경구 '황룽黃龙 Huánglóng황룽'와 '지우자이꼬우九寨沟 Jiǔzhàigōu구채구' 등 유네스코에 등재된 세계 문화 유산과 자연 유산이 몰려 있는 지역이기도 합니다.

그 중에서 지우자이꼬우는 제가 여러분께 강력 추천해 드리는 여행지예요. 가는 길은 조금 험난한데, 베이징에서 쓰촨성의 청두까지 기차로 35시간, 청두에서 다시 버스를 타고 10시간을 꼬박 가야 한답니다. 정말 멀기도 멀죠? 지금은 지우자이꼬우 근처에 공항이 생겨 조금 편하게 여행을 할 수가 있죠. 지우자이꼬우는 '아홉九 jiǔ지우 개의 티베트족 마을寨 zhài자이이 있는 골짜기沟 gōu꼬우'라는 뜻이에요. 해발 2,000미터가 넘는 고지대에 위치한 이곳에는 100개가 넘는 호수와 17개의 폭포가 있는데, 특히 여러 색깔의 물감을 풀어놓은 듯 형형색색 빛나는 '우차이츠五彩池 Wǔcǎichí오채지'는 정말 환상적이죠. 이연걸 주연의 영화 〈영웅〉을 보면 안개가 자욱하게 낀 호수 위에서 양조위와 대결하는 장면이 나오는데, 바로 지우자이꼬우에서 촬영한 것입니다.

중국에서 좀 더 색다른 여행을 하시려면, 옛날 동양과 서양의 교역로였던 실크로드 코스를 추천해 드려요. 진시황릉과 병마용이 유명한 시안을 시작으로 둔황·투루판·우루무치·카슈카르喀什 Kāshí카스로 연결되는 루트입니다. 실크로드의 도시들을 제대로 둘러보려면 적어도 10일 이상은 걸리고, 날씨도 변덕스러워 조금 고생스럽지만 중국의 다른 관광지에서 느낄 수 없는 다양한 문화와 풍습을 느낄 수가 있답니다.

천 년 동안 한 번도 마르지 않았다는 사막의 오아시

스 '위에야취엔 月牙泉 Yuèyáquán', 400개가 넘는 동굴에 그려진 벽화와 불상으로 세계 문화 유산으로 등재된 둔황의 '모까오쿠 莫高窟 Mògāokū막고굴', 백두산의 천지를 연상케 하는 우루무치 '톈산 天山 Tiānshān'의 호수, 매주 일요일에 열리는 바자르전통 시장가 유명한 카슈카르 등 지나는 도시마다 볼거리가 가득합니다.

저는 실크로드의 여러 도시 중 카슈카르가 가장 인상에 남습니다. 카슈카르는 '신장新疆 Xīnjiāng' 위구르 자치구의 서쪽 끝에 위치한 도시인데, 육로를 통해 파키

카슈카르

스탄이나 카자흐스탄으로 넘어가려는 배낭여행자들이 모이는 곳이기도 해요. 길거리에는 당나귀 마차가 지나다니고, 이슬람식 모자를 쓴 이목구비가 뚜렷한 남자들, 머리에 스카프를 두르고 이슬람 사원으로 향하는 위구르족 여인들이 많아 마치 이슬람 국가의 어느 도시에 온 듯한 느낌을 받기도 한답니다.

카슈카르의 향비묘

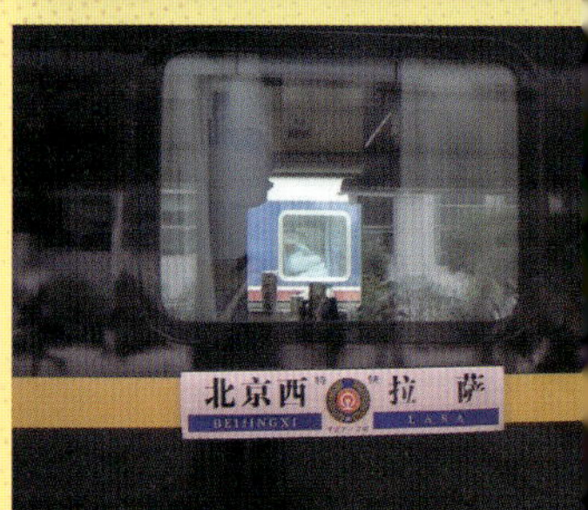



**티베트 — 내 마음의 고향**

이렇게 많은 여행지 중에서도 제일 가 볼 만한 여행지를 추천하라고 하면, 저는 주저 없이 티베트西藏 Xīzàng시짱를 꼽습니다. '세계의 지붕' 또는 '맑은 영혼이 깃든 성지'라고 불리는 티베트를 저는 두 번이나 여행했지만 기회가 되면 또 가고 싶을 정도로 아름다운 곳입니다. 티베트는 베이징에서 멀리 떨어져 있고 교통도 불편해

서 쉽게 가기가 어려운 오지였습니다. 하지만 지금은 베이징에서 티베트의 수도인 '라싸拉萨 Lāsà'까지 청장철도青藏铁道 Qīng-Zàng tiědào칭짱 티에따오가 놓여 편하게 기차를 타고 여행을 할 수 있답니다. '하늘 열차'라고도 부르는 이 기차는 해발 4,500m의 고지대를 달리다 보니 객실 안에는 산소 공급기까지 설치되어 있답니다. 가는 내내 티베트 고원의 환상적인 경치를 감상할 수 있지만, 48시간 꼬박 열차를 타는 수고를 감수해야 하죠.

　　호기심과 모험심이 강한 배낭여행자들은 기차나 비행기가 아닌 육로로 티베트에 들어갑니다. 저 역시 두 번 다 육로를 통해 라싸로 들어갔는데요, 첫 번째는 칭하이성의 '거얼무格尔木 Gé'ěrmù'에서 시작되는 청장 도로 青藏公路 Qīng-Zàng gōnglù칭짱 꽁루를 이용했고, 두 번째는 배낭여행자들 사이에서 가장 험난하고 긴 코스로 정평이 난 신장 도로新藏公路 Xīn-Zàng

gōnglù씬짱 꽁루를 통해서였습니다. 이 두 코스 모두 험난하기는 마찬가지였지만, 저는 신장 위구르 자치구의 카슈카르에서 출발하여 티베트의 서부 지역을 가로질러 라싸까지 가는 신장 도로 코스가 가장 기억에 남습니다.

이 코스는 외국인 여행 금지 구역이지만, 때묻지 않은 자연 풍경이 너무나 신비롭고 아름다워 배낭여행자들이 평생 꼭 한 번은 가고 싶어하는 꿈의 길이기도 합니다.

하지만 2,800킬로미터의 먼 거리인 데다가 해발 5,000미터까지 올라가는 고지대가 많아 실종 사고나 고산병 등이 빈번히 발생하는 위험 지역이기도 하죠.

이 코스는 정식 교통편이 없어서, 라싸까지 물자를 운반하는 트럭을 히치하이킹해서 타고 가야 합니다. 저는 중국인 행세를 하고 8톤 트럭을 잡아 탔었는데, 길도 잘 닦인 포장도로가 아닌 산길이 대부분이고, 가는 내내 마을이나 사람이 안 보여 정말 "여기서 사고 나면 아무도 못 찾겠구나." 하는 무서운 생각이 들었답니다. 차창 밖으로 보이는 풍경이라곤 이름 모를 잡초와 야생 동물, 땅에 이마를 대고 절을 하며 성지 순례를 떠나는 티베트인, 그리고 달과 별이 전부였으니까요.

카슈카르를 출발해 티베트 서부 도시 아리까지 가는 데 5일, 다시 아리에서 라싸까지 가는 데 5일, 총 10일간 트럭을 타고 이동했습니다. 잠은 덜컹거리는 차안에서 앉은 채로 자고, 끼니는 쌀과자와 요구르트로 때우면서 말이에요. 라싸에 도착해서 보니 머리카락은 머리에 찰씩 달라 붙어 있고, 빨래를 하는데 속옷 여기저기에 구멍이 숭숭 뚫려 있더라고요.

라싸에 가시면 조금 실망하실 수도 있어요. 우리가 상상했던 때묻지 않은 오지의 이미지와는 달리, 꽤나 발전된 모습이거든요. 시내에는 햄버거

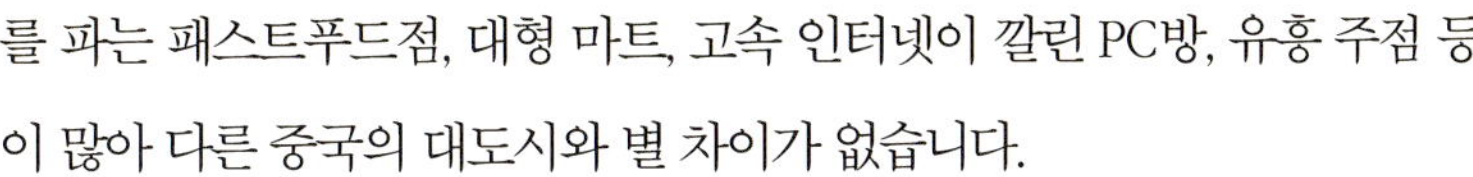

티베트 불교의 성지 포탈라 궁

남쵸 호수

를 파는 패스트푸드점, 대형 마트, 고속 인터넷이 깔린 PC방, 유흥 주점 등이 많아 다른 중국의 대도시와 별 차이가 없습니다.

이제는 철도까지 놓여 매년 수백만 명의 관광객이 찾는 인기 여행지로 변했으니, 라싸 시내 한복판에서 맥도날드와 스타벅스를 볼 날도 머지않은 것 같네요.

라싸에서 가장 유명한 곳은, 티베트의 상징이자 달라이 라마가 살았던 포탈라 궁布达拉宫 Bùdálāgōng뿌다라꽁입니다. 홍궁과 백궁으로 이루어진 13층 건물에는 1,000개의 방에 20만 점 이상의 불상·경전·보물 등이 보관되어 있습니다. 최근에는 여행객이 많이 늘어서인지 하루 입장객 수를 제한하고 있습니다. 그리고 안에서는 사진을 못 찍게 하는데, 사진 촬영을 하려면 비싼 촬영비를 지불해야 한답니다.

다음으로 가 보셔야 할 곳은 티베트 인들이 가장 성스럽게 여긴다는 사원인 조캉 사원大昭寺 Dàzhāosì따쟈오스입니다. 사원 앞에서는 오체투지머리, 두 팔, 두 다리를 완전히 땅에 대고 하는 절를 하는 티베트 인들이 많은데, 얼마나 기도를 많이 했는지 바닥에 깔린 자연석이 닳고 닳아 윤기가 나기도 합니다. 황금 장식이 눈부신 사원의 지붕 위에 올라가면 포탈라 궁과 라싸 시내 전경을 한눈에 내려다 보실 수도 있고요.

진정한 티베트 분위기를 느끼시려면 라싸에서 성능 좋은 지프차를 타고 멀리 나가야 하는데, 하늘 위에 떠 있는 바다같이 넓은 호수인 남쵸 호수纳木错湖 Nàmùcuò hú나무춰 후, 티베트인들이 가장 성스러운 산으로 여긴다는 만년설로 뒤덮인 카일라스 산圣山 Shèngshān성산, 세계에서 제일 높은 산인 에베레스트珠穆朗玛峰 Zhūmùlǎngmǎ Fēng주무랑마 펑의 베이스 캠프까지 가는 코스가 배낭여행자에게 인기가 많답니다.

#  Conversation



**A** 워 야오 취 라싸 더 퍄오
我要去拉萨的票[1]。
Wǒ yào qù Lāsà de piào.

라싸 가는 표 주세요.

**B** 지 하오 조우?
几号走[2]？
Jǐ hào zǒu?

언제 가시게요?

**A** 요우 밍티엔 더 퍄오 마?
有明天的票吗[3]？
Yǒu míngtiān de piào ma?

내일 표 있나요?

**B** 요우. 지 장?
有。几张[4]？
Yǒu. Jǐ zhāng?

있어요. 몇 장이요?

**A** 야오 량 장.
要两张[5]。
Yào liǎng zhāng.

두 장 주세요.

**B** 쭈어웨이 하이스 워푸?
座位还是卧铺[6]？
Zuòwèi háishi wòpù?

좌석으로 드려요, 침대칸으로 드려요?

**A** 야오 잉워.
要硬卧。
Yào yìngwò.

딱딱한 침대로 주세요.

**B** 샹푸, 쫑푸, 하이스 씨아푸?
上铺，中铺，还是下铺[7]？
Shàngpù, zhōngpù, háishi xiàpù?

상·중·하 어느 칸으로 드릴까요?

**A** 워 야오 쫑푸 허 씨아푸.
我要中铺和下铺。
Wǒ yào zhōngpù hé xiàpù.

중간 침대와 맨 아래 침대를 주세요.

**B** 밍티엔 완샹 빠 디엔 짜이 베이징 시커짠 추파.
明天晚上8点在北京西客站出发[8]。
Míngtiān wǎnshang bā diǎn zài Běijīng Xīkèzhàn chūfā.

내일 저녁 8시 베이징 서역에서 출발합니다.

1

'워 야오 我要 Wǒ yào'는 '~을 원하다, ~을 주세요'라는 뜻으로, 자신이 원하는 바를 상대방에게 요구할 때 씁니다. 회화에서는 보통 앞에 '나'란 뜻의 워我 wǒ를 빼고 쓴답니다. 취去 qù 는 가다, 라싸 拉萨 Lāsà 는 티베트의 수도, 퍄오 票 piào 는 티켓을 말해요.

2

지几 jǐ 는 몇, 하오号 hào 는 일(날짜) 라는 뜻으로, 합치면 '며칠'이라는 뜻이 됩니다. 조우走 zǒu 는 가다의 뜻이에요.

3

요우 有 yǒu 는 있다, 밍티엔 明天 míngtiān 은 내일입니다.

4

장张 zhāng 은 '한 장, 두 장' 하고 종이를 세는 단위로 '지 장几张 jǐ zhāng'이라고 하면 '몇 장'의 뜻이 됩니다.

5

"두 장 주세요." 할 때, 두 장을 '얼 장二张 èr zhāng'이라고 하면 안되고 '량 장两张 liǎng zhāng'이라고 하셔야 해요. 단위를 나타내는 양사 앞에서는 얼二 èr이 아닌 량两 liǎng 을 쓰거든요.

6

쭈어워이座位 zuòwèi 는 일반 좌석, 워푸 卧铺 wòpù 는 침대칸인데, 딱딱한 침대칸인 잉워硬卧 yìngwò와 부드러운 침대칸인 루안워软卧 ruǎnwò 로 나뉜다고 말씀드렸죠? 하이스 还是 háishi 는 아니면, 또는의 뜻이에요.

7

샹푸上铺 shàngpù 는 제일 윗 침대, 쫑푸 中铺 zhōngpù 는 중간 침대, 시아푸 下铺 xiàpù 는 제일 하단의 침대를 말합니다. 가격은 제일 아래에 있는 시아푸가 제일 비싸고, 맨 위의 샹푸가 제일 싸답니다.

8

완샹晚上 wǎnshang 은 저녁, 짜이 在 zài 는 ~에서, 추파 出发 chūfā 는 출발하다의 뜻이에요. 베이징 시커짠北京西客站 Běijīng Xīkèzhàn 는 베이징 서역인데, 멀리 떠나는 열차는 대부분 이 서역에서 출발합니다. 국제 열차도 모두 서역에서 출발하고요.

베이징 역은 어떻게 가나요?

베이징짠 전머 조우?
北京站怎么走?
Běijīngzhàn zěnme zǒu?

상하이 가는 티켓 한 장 주세요.

칭 게이 워 이 장 취 상하이 더 퍄오.
请给我一张去上海的票。
Qǐng gěi wǒ yì zhāng qù Shànghǎi de piào.

부드러운 침대로 주세요.

워 야오 루안워.
我要软卧。
Wǒ yào ruǎnwò.

기차가 몇 시에 출발하나요?

후어처 지 디엔 추파?
火车几点出发?
Huǒchē jǐ diǎn chūfā?

기차는 몇 시에 상하이 역에 도착해요?

후어처 지 디엔 따오 샹하이짠?
火车几点到上海站?
Huǒchē jǐ diǎn dào Shànghǎizhàn.

빈방 있어요?

요우 콩 팡지엔 마?
有空房间吗?
Yǒu kòng fángjiān ma?

하룻밤에 얼마예요?

쭈 이 티엔 뚜어샤오 치엔?
住一天多少钱?
Zhù yì tiān duōshao qián?

이틀 묵을 거예요.

워 야오 쭈 량 티엔!
我要住两天！
Wǒ yào zhù liǎng tiān!

도미토리로 주세요.

워 야오 뚜어런 팡지엔.
我要多人房间。
Wǒ yào duōrén fángjiān.

체크아웃은 몇 시예요?

지 디엔 투이팡?
几点退房?
Jǐ diǎn tuìfáng?

# China talk

이것만은 꼭 알고 싶다!

## 기차표를 못 구하면 암표상을 찾아라?

노동절이나 국경절 같은 연휴 기간에는 여행을 떠나는 사람들이 많아 기차표를 구하기가 하늘의 별 따기입니다. 특히 중국 최대의 명절인 설春节 chūnjié춘지에에는 거의 2억 명에 가까운 사람들이 귀성 행진을 벌여 더욱 표를 구하기가 어렵죠. 기차표 품귀 현상을 빚는 이때, 저는 언제나 가고 싶은 곳으로 맘껏 여행을 떠날 수가 있었답니다. 그 비결은 바로, 암표상을 통해 손쉽게(?) 기차표를 구할 수 있었기 때문이죠! 매표 창구에는 표가 없어도 암표 장수는 언제나 넉넉한 표를 가지고 있거든요. 베이징을 포함한 대도시의 기차역 앞에는 암표상들이 암암리에 활개를 치는데요, 역 앞을 어슬렁거리면 암표상들이 슬그머니 다가와 "야오 퍄오 마? 要票吗? Yào piào ma?기차표 필요하세요?"하며 말을 걸어 옵니다. 저는 암표상과 오래(?) 거래를 하다 보니 한눈에 알아볼 수가 있어, 제가 먼저 다가가 "요우 퍄오 마? 有票吗? Yǒu piào ma?기차표 있나요?"라고 물어봐서 암표상을 깜짝 놀라게 한 적도 많습니다. 이들은 보통 원래의 가격에 100위안 이상의 웃돈을 받고 표를 파는데요, 성수기 때는 2배를 요구하기도 합니다. 만약 외국인 여행자인 걸 알면 값을 더욱 올려 받기도 하니, 암표를 사실 땐 최대한 중국인(?) 행세를 하세요.

# 기차를 타고 세계 여행을 떠날 수 있다?

중국은 땅덩이가 크고 인접한 국가가 많다 보니, 비행기가 아닌 기차를 타고 국경을 넘을 수 있습니다. 베이징을 출발하는 국제 열차는 북쪽으로는 몽골의 수도인 울란바토르와 러시아의 모스크바까지 연결이 되고, 남쪽으로는 베트남의 하노이까지 노선이 연결되어 있습니다. 거리가 거리이니만큼 가는 시간도 만만치가 않은데요, 몽골까지는 24시간, 베트남까지는 46시간, 모스크바까지는 무려 6일이 걸린답니다. 정말 만만치 않죠?

저는 몽골과 베트남에 배낭여행을 갈 때 이 국제 열차를 이용했는데요, 객실에는 다양한 인종이 모이다 보니 별의별 언어가 다 사용되고, 열차 안에서 이뤄지는 짐 검사와 입국 심사는 묘한 스릴감을 느끼게 해 줬죠. 베트남은 겨울방학 때 갔었는데, 베이징에서 기차를 탈 땐 눈보라가 날리는 영하의 날씨였는데, 하노이 역에 도착하니 반팔과 샌들을 신어야 했죠.

또 열차는 아니지만 도로를 통해서 티베트를 거쳐 네팔과 인도로 갈 수가 있습니다. 또한 윈난성의 성도 쿤밍에는 라오스까지 갈 수 있는 국제 버스가 있고, 신장 위구르 자치구의 카슈카르에서 버스를 타고 24시간을 달리면 파키스탄으로 넘어갈 수도 있습니다. 저도 이 길을 한 번씩 다녀왔는데요, 비록 길은 험난하고 눈물이 쏙 나올 정도로 힘들지만 진정한 여행의 재미를 느낄 수가 있답니다.

## 중국 여행을 가면 어디에 묵어야 하나요?

여행지에 도착하면 숙소를 정하는 게 가장 우선이겠죠? 중국의 숙소는 시설과 규모에 따라 가장 낮은 1성급부터 최고급인 5성급까지 구분이 되는데, 외국인은 3성급 이상의 호텔에서 머물 수가 있습니다. 3성급 호텔은 간판에 빈관宾馆 bīnguǎn삔관이란 말을 많이 쓰는데요, 우리나라 모텔과 비슷한 정도의 시설로 편안하게 잠을 자는 데 큰 불편함은 없답니다. 가격은 보통 250~300위안우리 돈 5~6만 원 정도 하고요. 4, 5성급 호텔에는 대주점大酒店 dàjiǔdiàn따지우디엔 또는 반점饭店 fàndiàn판디엔이란 말이 붙는데, 가격은 최소 600위안우리 돈 12만 원 이상으로 비싸답니다. 물론 하룻밤에 우리 돈 20~30만 원이 넘는 럭셔리한 호텔도 많지만, 여행사 패키지로 중국에 오실 때 묵는 곳은 주로 4, 5성급 호텔이에요.

요즘에는 베이징을 포함한 전국 대도시에 3성급 호텔보다 저렴하면서도 시설은 훌륭한 프랜차이즈 호텔이 많이 들어섰어요. 노란색 건물이 예뻐 마치 스웨덴 가구점 이케아를 연상케 하는 '세븐 데이즈 인7 days in', 홈 인Home inn' 등이 대표적인 곳이에요. 숙박비가 하루에 200위안우리돈 4만 원 미만으로 착해서 개인 여행자라면 이런곳에 짐을 푸는 것도 좋을 듯싶어요.

하나 더! 베이징의 코리아타운인 '왕징望京 Wàngjīng'에는 한국인이 운영하는 민박이 많습니다. 하루 숙박 요금은 100위안우리 돈 2만 원 정도이며, 중국 음식이 입에 안 맞거나 중국어를 한 마디도 못하는 초보 여행객들이 묵기에 적당합니다.

## 기차를 탈 땐 먹을 것을 잔뜩 챙겨라?

중국에서 하루 또는 이틀씩 가는 장거리 기차를 타실 때는 먹을 것을 많이 준비하세요. 저는 보통 기차를 타기 전에 마트에 들러서 컵라면과 물·과자·과일·빵 같은 간식을 잔뜩 사는 편입니다. 제가 원래 군것질은 잘 안 하는 편인데, 24시간 이상 기차를 타고 가면 입이 몹시 심심해지거든요. 중국 사람들도 양손에 먹을 것을 바리바리 들고 기차에 오르는데, 특히 '캉스푸 康师傅 Kāngshīfu' 상표의 컵라면과 해바라기 씨 瓜子 Guāzǐ꽈즈는 중국인들의 필수 휴대품이죠. 만약 간식거리를 준비하지 못하셨더라도 너무 걱정하진 마세요. 기차 안에도 승무원이 끄는 이동식 매점 카트가 수시로 지나가거든요. 맥주와 훈제 오리고기, 해바라기 씨, 소시지, 지역 특산품 등 다양한 먹거리를 판매합니다. 식사 시간이 되면 도시락 盒饭 héfàn허판을 판매하는데, 원하는 반찬을 직접 선택할 수가 있답니다. 아침에는 쌀죽과 삶은 계란을 팔기도 하고요. 컵라면이 질리거나 좀 더 낭만적인 기차 여행을 하고싶으시면 식당칸 餐厅车 cāntīngchē찬팅처에 가셔서 식사를 해 보세요. 간단한 볶음 요리와 야채 요리를 시켜 드시면 밥 한 공기는 금세 비울 수 있답니다. 하지만 이동식 레스토랑이라 가격은 조금 비싼 편이에요.

# 중국에는 어떤 세계 문화 유산이 있을까요?

중국에는 유네스코에 의해 세계 유산으로 등재된 문화 유적 및 자연 경관이 무려 36곳이나 된답니다. 이탈리아와 스페인 다음으로 세계 3위를 차지하고 있죠. 지금도 20곳이 넘는 문화 유산을 신청해 놓은 상태예요. 베이징에는 자금성과 만리장성, 천단 공원, 그리고 서태후의 여름 별장이었던 이화원, 주구점 베이징원인 유적지가 등재되어 있습니다.

지방에 있는 세계 문화 유적 중에서 몇 곳 소개하자면, 산시성의 '핑야오 平遥 Píngyáo' 고성은 명 · 청 시대 도시의 모습을 완벽하게 보존하고 있어 사극 드라마 세트장으로 이용해도 손색이 없습니다. 산둥성의 '취푸 曲阜 Qūfù'에는 유교 문화의 상징인 공자를 기리는 사당과 무덤이 있고요, 세계에서 개인 무덤으로는 제일 크다는 진시황릉, 달라이 라마의 겨울 궁전으로 쓰였던 포탈라 궁, 90년에 걸쳐 완성된 청나라 황제의 여름 별장인 '청더 承德 Chéngdé'의 피서산장, 높은 산기슭에 33개의 옛 건축물이 모여 있는 도교 성지 '우당산 武当山 Wǔdāngshān'의 고건축군 등도 리스트에 이름을 올렸죠.

2004년도에 중국은 광개토대왕비와 장군총을 포함해 총 43곳의 고구려 문화 유적을 '고구려의 수도와 왕릉, 귀족 무덤'이란 이름으로 세계 문화 유산에 등재 신청했어요. 우리 조상이 남긴 자랑스러운 문화 유적이 세계적으로 인정받는 건 기쁘지만, 왠지 모를 찜찜한 기분은 감출 수가 없네요.